我的青春我的梦

全国中学生校园美文精品集萃丛书

又见穿帘燕子，横飞时伴呢喃语

蜜糖少女，
请你一直奔跑

《中学生博览》杂志社 选编

时代文艺出版社

图书在版编目（CIP）数据

蜜糖少女，请你一直奔跑 /《中学生博览》杂志社选编．—长春：时代文艺出版社，
2018.8（2023.6重印）

（"我的青春我的梦"全国中学生校园美文精品集萃丛书）

ISBN 978-7-5387-5677-7

Ⅰ．①蜜… Ⅱ．①中… Ⅲ．①作文－中学－选集 Ⅳ．①H194.5

中国版本图书馆CIP数据核字（2018）第000160号

出 品 人　陈　琛
产品总监　郭力家
责任编辑　刘　兮
装帧设计　李　斌
排版制作　隋淑凤

蜜糖少女，请你一直奔跑

《中学生博览》杂志社　选编

出版发行 / 时代文艺出版社

地址 / 长春市福祉大路5788号　龙腾国际大厦A座15层　邮编 / 130118

总编办 / 0431-81629751　发行部 / 0431-81629758

官方微博 / weibo.com / tlapress

印刷 / 北京一鑫印务有限责任公司

开本 / 700mm×980mm　1 / 16　字数 / 153千字　印张 / 11

版次 / 2018年8月第1版　印次 / 2023年6月第5次印刷　定价 / 34.80元

编 委 会

编委会主任：刘翠玲　夏野虹　高　亮

编　　　委：宁　波　孟广丽　张春艳

　　　　　　李鹏修　苗嘉琳　姜　晶

　　　　　　王　鑫　李冬娟　王守辉

目　录

失魂记

我当你们老师怎么样

想你时你在眼前

蜜糖少女，请你一直奔跑

我开玩笑让你不要再丢下我，让我一直有个清晰的奋斗目标。你说好，眼里的那份温柔我再熟悉不过。末了在告别时，你形容我像是蜜糖少女，因为笑起来眼睛眯成一条线的样子，非常感染人。此刻想想，你同样是我的蜜糖少女，在迷茫仓皇的青春期里给了我太多安慰，我想我们都要一直奔跑，直至遇上新天地。下次重逢时，一定成为更好的自己。

一棵励志的小白菜

暮浪城

傍晚的暮色稀稀拉拉地落在操场上，塑胶跑道边的白采采背着书包手中抱着几本本子，委屈地站在那里。目光所及之处是位在篮球场上风姿卓绝的少年。少年有一张能够令女生尖叫沉沦的面庞，脸上的表情冰冷坚毅，成熟老成。才不过高三的少年，却拥有着比成年人都有过之而无不及的冷静沉着。他在球场上流汗，运球，投篮，一气呵成的动作帅气得一塌糊涂。

白采采想，徐以泽真是给她脸上添光。可是再低头看看手中抱着的作业本——里面的每一篇作业，都被老师批改得惨不忍睹。这些作业本，当然不可能是徐以泽的，不偏不歪，这些作业本……咳，是她的。

"在发呆？"耳边忽然传来少年的声音。白采采抬起头看见少年喘着气皱着眉，额角、脖颈都带着汗滴。后面一干人等看见这个情况开始不约而同地笑起来："哟，徐以泽的'小白菜'又来啦？"也有人说："什么小白菜啊，明明是小仙女呢！"白采采脸一红，瞪着徐以泽身后的那一大群人，毫不示弱地说："什么乱七八糟的！我和徐以泽明明是很正常的青梅竹马关系！"

白采采说得义愤填膺，似乎不容许别人扭曲她和徐以泽正常并且纯洁无比的青梅竹马兼同学的关系。

而作为白采采的"竹马"，徐以泽伸出修长好看的手，轻而易举地抽过白采采手中的作业本，低头随意翻了几页，声音淡淡："我可不可以不要你这样的青梅竹马？"

白采采委屈地撇了撇嘴，"我真的有很认真地写作业……"

徐以泽叹了叹气，合上作业本，"努力点儿吧。"

"哦……"白采采弱弱地回了一句，从徐以泽手里接过作业本放回书包里。

回家的路途，昏黄的路灯亮了一路。白采采跟在徐以泽的身后，踢着石子走路。少年站在她的面前，似乎可以挡得住光。白采采和徐以泽是青梅竹马，当然，两个人没有好到小时候穿一条裤子都肥的程度，充其量就是，从上幼儿园开始，一直到小学、初中直到现在的高中都是同一所学校。而且……白采采和徐以泽，还住在同一个小区。就白采采和徐以泽的这种缘分，简直深到让人大跌眼镜。

可惜，白采采天生就笨，对念书一窍不通。当初中考的时候要不是徐以泽在最后半年狠狠地拉了她一把，就以白采采的成绩是完全进不了三中的。

可是，小白菜还是很贪心地想要和徐以泽进同一所大学。

"采采，过来喝牛奶。"晚上，妈妈站在白采采的房间门口，看着白采采将书本合上趿拉着拖鞋"啪嗒啪嗒"地走去客厅。

客厅的玻璃桌上放着一杯热牛奶，白采采走过去端起来，坐在沙发上。少女眉眼温润得不行，如同薄雾覆盖一般的眸还带着弱兽一样的湿濡。

白妈妈伸了一个懒腰，细心嘱咐："等会儿喝完牛奶，把作业做完复习完了就早点儿去睡吧。"白采采点了点头，在妈妈打开房门的那一刻忽然出声："妈妈，你说我还能和徐以泽考上同一个大学吗？"妈妈的脚步一顿，转身看着白采采，脸上笑容温和，"如果你足够努力的话，想要和他考上一个大学还是可能的。"

足够努力就可以了吗？白采采眼眸一亮，"我知道了，您去睡觉吧。"说着，白采采低头轻啜起来。

"目标：和徐以泽考上同一所大学。"白采采的床头，第二天赫然多出了这样一个横条，这行字的旁边还有许多的星星。这导致当天晚上来白采采家帮忙辅导功课的徐以泽脸色全黑，"白采采，你可以将这个横幅拿下来吗？"他觉得，很丢脸。

小白菜疑惑地看着徐以泽，"为什么？徐以泽你不觉得我的字最近很好看吗？"

"这不是重点！"重点是，他觉得，很丢脸。

徐以泽微微扶额，看着小白菜一脸委屈的样子，低头摊开书本，"算了，过来。我先教你这些题目……"

"哦……"白采采拿着一支笔和草稿本凑了过去，开始陷入无尽的题海和重点之中……

高考结束后的第十天。白采采坐在电脑桌前查询成绩，笑得眉眼弯弯，拉着站在他旁边的徐以泽的手一直摇晃，"徐以泽！你看哦，我和你考上同一所大学了！"一旁脸色淡漠的俊逸少年微微皱了眉，"都是我的功劳，你这么兴奋做什么？"

"可是我考上了！"白采采不服气。

"是啊，你还真是厉害。"徐以泽淡淡地瞥了那棵小白菜一眼，"如果我当时填的大学不是X大而是B大，你考得进去才怪！"

白采采哼了一声，明显不爽徐以泽这样说。"不过……"徐以泽的嘴角轻轻牵起一丝笑容，"还是要祝贺你啊，小白菜，和我考上同一所大学了。以后可要多多努力哦，别到时候成绩太差，毕不了业。"他拍了拍白采采的脑袋，起身，转身朝着外面走去。

坐在椅子上的白采采气得嘴巴鼓起，"你才毕不了业！你才毕不了业！"

高三，很快就过去

凌文青

2013年7月1日。填完志愿之后，我又一次也可能是最后一次伫立在留下了我许多甜蜜与辛酸的高三4班的教室门前。

一种从未体验过的空旷和寂寥充斥着眼前这个熟悉而又陌生的空间。算起来，高三的这一年除了吃饭、睡觉和为数寥寥的假日，我几乎所有的时光都是在这里度过的。教室给我的印象永远都是充盈的——放眼望去，满是书籍，它们见缝插针地生长在我所能想到的每一个角落。同学们最常见的姿态便是伏案与无尽的练习题、知识点做着希腊神话中西西弗斯式的斗争。他们偶尔抬头，目光相触，总会给对方送去一个清新的笑意——这笑容正如三月的阳光温暖着彼此的心。

我一直感激这一方净土，她带给了我太多太多的东西，尽管现在想起来当初我并没有十分珍惜在这里度过的分分秒秒。记得刚刚步入高三的时候，我依然沿袭了自己十多年来的学习态度——慵懒而悠闲。由于从小养成的不良习惯，我常常都是凌晨两三点钟才入睡，早晨醒来后总有一段时间意识模糊，所以早读课我通常都是在一种半睡半醒的状态中度过的。我很感谢我的座位，我为自己选择的那个第一排靠窗的单人座可以帮我滤尽外界所有的嘈杂，让我能够专注于自己的事情——譬如打个盹儿、走点儿神什么的——尽管很容易被老师发现。早读课上短暂的休息已经足够保证我一天都有充沛的精力，所以我在上课期间不管是否在认真听讲，至少时间基本是可以充分利用的。我习惯于把所有的功课都在学校里解决，这样到家以后我便可以全心全意地做自己想做的事情——看看新闻，听听音乐，写写日记，读读书，上上网，或是在小区里散散步……我总可以把自己学习之外的生活安排得丰富多彩。

高三最令我难忘的事莫过于参加北大的自主招生。开始时我没有想过自己能够通过北大的自主招生考试——我深知这是一件概率极小的事。尽管班主任很耐心地鼓励我，同学们都说我没问题，但我总是不那么自信。尽管如此，在别人问起我是否愿意接受挑战时，我都会给大家同一个答复：我一定尽力！

"尽人事，听天命。"这是妈妈要我从小遵循的人生态度，也是我一贯的座右铭。尽管很多人说这太过于消极，然而实际上又有几人能够做到？

虽说很多时候我都是以一种敷衍的态度对待老师布置的太多的讲义和习题，有很多没有看没有写，但是看过写过的东西至少还是尽力去掌握的。北大自主招生笔试完回家，我生平第一次为考试的事哭了。因为数学考得太不令人满意了，尤其是错掉了两道解答题——相对简单的两道题，怎么会不遗憾呢。而接下来要对付的面试是我迄今为止做得最为尽力的一件事——从知道笔试结果我入围开始，我就尽力为之做着全身心的准备。面试后的感觉依然不太满意，不过所幸的是居然得到了二十分的加分。

这二十分的加分可以说给我平添了巨大的压力——因为我已无路可退。来自各方的关注与信任，以及考取北大的目标都让我徒增了许多烦恼。我曾经在一次班会课上说过：我是一个职业玩家，我把学习看作娱乐。因为不管什么事情在我看来都不应该成为一种负担，否则倒不如不干。我很享受在学习时体会到的那种成就感和闲适感。但事实上，我在高三的最后阶段基本上推翻了我的这一宣言。

说到学习，我一直生活在自己的频率里。我没有大量地刷过题，只是隔三岔五找上一些数学解答题消遣一下而已。偶尔也会写一篇英语作文给老师改，或者做几道六级英语考试中的阅读理解题……就是在这种清晨蒙眬、一天清醒的状态中，我的高三很快就过去了。

我还是很感激自己的记忆力的，整个高三基本都没怎么看政治书历史书，全靠在考试前临时抱佛脚，自主招生结果出来后我真的是一点儿都没有复习，令人惊讶的是高考时依然获得了双A+。不得不承认，命运还是很眷顾我的。

最后的高考，如果单看各门成绩，都有不小的失误，然而最终我还是到达了我的目的地。

当我站在终点回望来路的时候，心情只有一种——感恩。在高三这样一个特殊的时期，父母给了我无微不至的关怀；我所在中学的老师素来便以负责和慈爱著称，当我身处其中时更是感受到他们的关爱；至于同学们，更是团结和友善的化身，这不用多说的。

现在，我在收拾着去大学的行李。回想着曾经的课桌上，左手边一杯绿茶或者花茶，右手边一摞书籍，面前是一本书一支笔，身边便是晴窗一扇，拉开杏色的窗帘会有金色的阳光斜斜地落在书本上，留下疏落的光晕……

似水流年，将永驻心间。

我摊上了寄宿的大事

水或柒

寒假的最后一天，某女人摸进我的房间，笑得格外明媚而灿烂，"唉，我记得你这次期末考名次下降很多是吧？"

我把手中的小说一丢，甩给她两个白眼，"你已经以此为由扣了我所有的压岁钱，逼着我陪你到处拜年还刷了一寒假的碗，你还想怎样？"

"咳咳，是这样的，我和你爸商量了一下，决定听从你班主任的意思，送你去寄宿。"说罢她便甩头走人。

我傻眼了，什么情况！

"我记得你们家离学校骑车只要十五分钟？"

"是的，如果不想迟到的话时间还可以缩短一半。"

"我记得某人似乎从来没有寄宿过？"

"是的，我从幼儿园开始，学校离我们家就没有超过五百米。"

"我记得学校一向是以伙食差、宿舍挤闻名的？"

"是的，据说床小地脏饭硬菜不熟什么的……"

"所以，"和我废话半天的某浅扔掉喝完的奶茶，"你是真的要寄宿了？"我哀伤地点头。

她眼一眯唇一勾，一阵极其惨烈的笑声顿时狠狠蹂躏了我脆弱的耳膜。以我们为圆心半径十米之内的生物立刻遁走，而我在笑声袅袅中勉强牵动嘴角，"呵呵，呵呵。"心想着，果然对这厮而言良心是奢侈品啊。

我看着平时爱钱爱到给我零花钱都脸一抽一抽的某女人爽快地把三十张整整齐齐的百元大钞递到了老班的手里，内心仿佛被一柄匕首划来划去，肉疼的我看老班的目光越来越哀怨。

而老班淡定无视之，和某女人瞎扯："其实她还是很聪明的，就是不学……"某女人边听边点头。

我低眉顺眼地站在一旁，神情恭敬，但是内心早就白眼一翻欢快地吐槽开来。

"我数学考倒数你还敢说我聪明啊？我语文明明是第一你还叹息啊？你是凭着那张60分的数学试卷还是那张24分的化学试卷说我聪明的啊？你难道忘了你被我气得几欲吐血而我淡定如初的情景了吗？你是有多爱我啊，才会和我妈勾结把我送来寄宿啊？为什么你还愿意看见我啊喂！"

当我把以上的话说给某浅听时，她笑得冷酷而阳光、天真而邪气，"正常人只会得出，他、想、整、你，这个结论吧？"

我捋捋并不存在的刘海儿，四十五度仰望天空，澄澈的眼眸里是淡淡的忧伤浮动，"他的傲娇，你永远不懂。"

"把自恋模式调回去！"

因为是第二学期寄宿的原因，床位一开始没有安排好，所以开学后的一段时间，我还是住在家里。这时候，个人的素质就体现出来了。

某女人只会望着我一脸忧郁，"唉，我怎么还能看见你呢？"

我说："其实学习不是目的，你早就想把我逐出家门了是吧？"

奶奶则看见我就开始自言自语："怎么就送去寄宿了呢？也不知道饭菜合不合胃口？住得舒不舒服？能不能和同学处到一块儿？不行，她老丢三落四的，我还得去买几双袜子……"

我说："奶奶，你太抬举我们宿舍的容积了。"

老妹口齿不清地说道："姐姐你赶紧走啊，妈妈说你走了你的房间就归我了。"

我说："她骗你呢，我还会回来的！"

老爸淡定面对，一如往常，只是偶尔会听见他和某女人的谈话。我扬起嘴角，"哎呀，担心我就直说嘛，我又不会嘲笑你们。"

这里老班也有戏份儿，他为了我寄宿的事跑上跑下忙里忙外，终于在四天后成功地把我塞进了一间宿舍。

当他眨巴着他不大的眼睛用一种很骄傲的口吻说"你今晚就可以入住了"时，我看着他脸上灿烂的笑容又忧伤了，这就是传说中的相爱相杀吗？

入住第一晚，我捧着手机和某浅天南海北一顿瞎扯，成功把她弄困了以后我又看了一会儿小说。然后在12点左右上了个厕所。

当我借着手机微弱的光走向床铺时，我上铺忽然探出一个头："你是不是睡不着啊？没事的，习惯就好了。"

我抬手按着胸口，嗯，心跳没被吓停了。

第二天我幽幽睁眼，神清气爽，窝在被窝里暗暗叹息，果然换张床就睡不着了之类的公主病和我是没关系的。

中午放学时某浅凑过来，"情人节快到了，怎么过？"

我趴在桌上有气无力，"略过！"

"唉，不如我们凑一对好了！就这样，我们中午去逛街吧，行不行啊？走了走了……"

我表示无奈，你问了几个问题原来就没指望我回答是吧？原来不是疑问句不是反问句是设问句是吧？

我忽略心底弱弱的声音"住第一天就跑出去不好吧"，十分欢脱地跑出去了。然后还去超市逛了一遭，我买了"德芙"，她买了"阿尔卑斯"，商量好情人节那天互送……

后来我们也的确这么做了，沐浴在周围一帮同学鄙视惊异的目光中，感觉真是爽、极、了！

某浅曾经转了一条说说："看着我犯傻的人可以成为我的朋友，陪我犯傻的人是我的闺密，比我还爱犯傻那简直就是生死之交了！"她望着我深情款款，"你就是我的生死之交。"我当时微微一笑，"彼此彼此。"

其实这句话，真的很对。在被允许放肆张扬傻气的年纪，有一个人会守在你身旁，不顾别人的目光和你一起放声大笑痛快骂人，是一件很幸福的事。

后来，因为奶奶的威逼，我中途又转回了走读生。当我和新同桌八卦起我这两个月晚饭出去吃、中午时常翘课、偶尔还在某浅家夜不归宿的丰功伟绩时，她埋在化学试卷里的头抬起，扶了扶眼镜无奈地对我说："不要太放肆啊你！"

后来，某浅在高二时和我遭遇了同样的事，但是我很有人性地没有刺激她，这当然和我闪闪发光的人品是有关系的。

她被送去寄宿的直接原因是她期末考比我少了30分，而根本原因起源于暑假我去她家蹭饭时对她妈大放厥词："其实我不是因为寄宿成绩才上去的，是因为我不想再被送去寄宿了……"她妈认为我言之有理，于是……

正巧高二这一年她碰到了一个极度严格的班主任，以及出现了一种叫走读证的玩意儿。当她悲愤欲绝地吃着食堂里的那些东西时，当她被班主任管得死去活来战战兢兢时，我想，她可能，大概，也许，是想掐死我的吧？

我与村上春树的哲学

桐 偶

茅檐人静，篷窗灯暗。我对着月色发呆，又是一个没有牛奶的失眠之夜。不知从何时开始，我的世界没有白天和黑夜的分界。

十六岁的时候，我也想象过遇见卡夫卡，然后给那个世界上最坚强的迷途少年，送去他最需要的温暖。我希望他过得好好的，更希望自己能够快乐，所以我在海边大声呼喊，告诉那个去了森林深处的我，要坚持梦想，做个干净并且是自己的人。

而那时，我处在一个尴尬的位置，面对高二的分班，我犹豫着是否要坚定自己的梦想。我喜欢画画，甚至可以说热爱画画，可是面对家里人的反对和老师的不理解，我最终放弃了去学美术。夹在梦想和现实之中，夹在自己和长辈之中，我动弹不得。

其实我多想告诉他们，我不是什么优等生，我最不擅长的，最讨厌的，也最害怕的，就是学习。我之所以能拿到这些成绩，是因为我多出别人十倍的努力！可是我累了，我真的很累！我喜欢的是画画，而我最终不过还是按照他们的想法去活，为了对我而言一文不值的成绩拼命，只有在听到梦想这个词汇时，背过身抹去几滴眼泪。

从那以后，我开始疯狂地读村上春树的书，只有在他的世界里，我才能找到安慰。我学着他去跑马拉松，去听爵士乐，去看西方文学，甚至去学日语，只为了看懂原汁原味的原著。在他的作品中，大部分有两个世界，一个是现实，充满痛苦，却真实；一个是幻境，没有痛苦，也没有感情，而书中的主人公大都选择了留在现实中，背负起一切坚强地活下去。他描绘的世界，看似虚幻，却十分写实。他告诉人们，所谓的乌托邦，只是欺骗自我的东西，它是不存在的。世界必然存在不幸，我们不应该惧怕它，而是去克服它。只有如此，才能作为真实的自己而活在世上。

我不再抱怨，而是珍惜每天的时光，不知不觉到了高三。好友桃桃说她已经不行了，她要放弃高考，那时距离高考还有一百五十天。我怎么安慰她她都不听，她说她决定了，不改变了，她要是再努力下去会被自己逼疯的。我想起去年我们说好要一起考上北方的大学，然后一起看雪。我问她，还想看雪吗？她愣了一下，然后点点头。

我们请了一个星期的假，不顾一切地出发。在北京的第一个晚上，桃桃抱着我一直哭，她说她不想放弃，可是没勇气坚持下去了。我安慰她说不要怕，我在这里。其实人生也不过如此，有快乐，有悲伤，有得到，也有失去。再大的痛苦也伤害不到我们，只要我们足够坚强。我说了很多，也说了我的梦想，我的妥协。她的哭声渐渐减弱，最后变成均匀的呼吸声，像婴儿般睡着了。

七天的假期，我们都在等一场雪，直到离开的前一个小时，我们都不能如愿以偿。就在我们都要放弃的时候，我们看到雪了，那薄薄的、成不了积雪的小雪花，像羽毛一样慢慢地落下来，很美很美。我想起一句话："雪为什么是白色的？因为雪忘记了它曾经是什么颜色。"但我却想不起这句话是出自哪里，好像是出自一部漫画。桃桃说："谢谢你。"她的话跟雪花一起飘进我的心里。

我第一次觉得，我的哲学并不是一堆空话，我可以抚慰别人，更重要的是，我可以抚慰自己。

回去之后我们都进入状态备考，只是那天的雪总是会浮现在我眼前，那个虚无、美好却不存在的世界，在我的心中某个柔软的地方。我相信总有一天，我的世界会与那个世界连接在一起。总有一天，我也能手握画笔，过上自己想要的人生。

　　与此同时，我发现我和村上春树的哲学，最大的不同是，我始终坚信着梦境和现实是可以融为一体的！

一群傻瓜在身边

微 晗

11月11日，对于我这种单身贵族来说本身就是一个充满悲剧色彩的日子，更加悲剧的是，它是一个星期天，但是学校居然用它来期中考试！更更悲剧的是，我过了光棍节，但是考试没过！

我耷拉着脑袋，同寝室另外三个依旧又蹦又跳开心得好像明天就是寒假，终于，她们发现了我的不对劲儿，气氛冷了三秒。

然后，刘草草用一种近乎谄媚的调调跟我说："兔兔，你怎么啦？来，亲一个。"

我冷静地看着她，"我心情不好，你不要惹我。"

刘草草依然不松开搭在我肩膀上的爪子，继续我进门之前的节奏："在山的那边海的那边有一群蓝精灵，他们活泼又聪明，他们调皮又灵敏……如果感到快乐你就拍拍手，哎哟，兔兔，你快乐吗？"

我翻了翻白眼，这姑娘没救了。

坐回自己的座位，再次郑重地警告她们："我心情不好，别烦我。"

然后，我对铺的某姑娘发话了："兔兔，你心情不好啊？我给你讲一个好笑的事情啊。"没等我露出不想听的神色，她啪啦啪啦讲完了，再看另外两个已经笑得趴了，留下我一个人茫然地坐在那里。为了掩饰我思维的短路，我也只好跟着笑。

一切都发生在电光石火之间。我脸上还残余着干笑，床上某只已经"噌噌噌"到了我面前，手里还攥着把小剪刀，"兔兔，遇见不开心的事情，一切要从头开始，不如我给你剪刘海儿呀。免费的哦。"伴随着一声奸笑，我眼前簌簌地往下掉碎头发。剪完之后，发现视野清晰了好多，心情也好了不少。

我知道如果我再说"心情不好"，这群傻姑娘肯定还会使出各种手段向我发起攻击，所以，我很果断地三十六计走为上。

要不然怎么说人倒霉喝凉水也塞牙呢。事实就是，我刚出寝室楼的大门就看见冤家阿树。我阴着一张脸，"你不要惹我，我心情不好。"

"真的？"阿树歪着头，做认真思考状，"你能有什么不开心的，说出来给哥开心开心呗。"

我瞪了阿树一眼，"做人要有底线！我告诉你，兔子急了也会咬人的！"

阿树撩起袖口，"有本事你就咬呀咬呀。"在他缩手的瞬间，我一把抓住，眼睛眨都不眨一下地咬了下去。

松开口，才发现阿树的手臂上的牙印好深，我有些于心不安，"疼不疼？"

"兔子，看着牙印我发现你牙好小好可爱哦。张开嘴巴给我看看，啊——"

"你神经病啊。"我骂阿树，却捂着嘴巴笑了。

"要不要这么亲密呀，跑下来偷会……"刻意拖长的尾音，八卦显而易见，不用回头也知道那仁站在身后。

"我没有好吗？"

"你就有！"

"我没有！"

"你就有！"

"我没有、我没有、我没有！"

"刚刚还说不想说话来着，现在怎么元气这么足？"

呃，好像是的，感觉心情没有那么压抑了。我帅气地甩甩头发，口是心非："开玩笑，我是那么容易被打败的？我就是想文艺地忧郁一次而已。"

"喊，早知道你是装出来的。"说完，三个人头也不回地大步向前走。阿树附在我耳边说："其实是她们打电话让我来的，虽然我没有起到安慰的作用。"我笑了，然后阿树特别大声地吼出来："啊啊啊，兔子，我发现你的牙很宽啊，这个牙印真的是你的吗？"大概料到我要踢人，阿树笑着跑了。

阳光下，看着四个人的背影，有一种很暖的感觉涌上来。什么考试成绩，过眼云烟而已，王道就是：我爱的人和爱我的人，一直都在身边。

017

蜜糖少女，请你一直奔跑

惟 念

让我闭上眼想一想第一次见你的情景，是在高二的某次英语演讲比赛上，穿着一身粉红运动装的你刚一开口，原本闹哄哄的教室一下子安静下来，因为你的美式发音实在是好听而标准，甜甜的笑容像是三月的梨花，香得沁人心脾。我之前好不容易攒起的自信立刻瓦解，有些心虚地低下头，不敢看你举手投足间的优雅。

之后跟别人打听才知道，你是刚从国外做了一年的交换生回来，因为良好的语言环境，所以给人惊艳的表现便不足为奇了。

我们的教室在同一层楼，有时从窗口往外看，还能望见你模模糊糊的身影，那时候女神这个词还没有流行起来，我亦不知道用它来定位你在我心中的分量。

要知道我蹩脚的英语一直是同学口中的笑柄，那天见过你之后，我才意识到原来这世界有那么多厉害的人，他们身上带着光芒，即使被人群包裹，仍然会不显山露水地引得旁人注意。

说起来也奇怪，我从未真正地了解你，却像喜欢一个明星一样喜欢你，可能那份情愫只是一种仰望，或者是一个梦想，梦想可以和你一样变得令人瞩目。

我们第一次说话的情形是怎么样的呢？那天是风和日丽还是倾盆

大雨呢？我是雀跃得手足无措还是假装平静呢？

这些问题的答案我想不起来了，只记得在学业任务最重的那个阶段，你一直像一盏灯一样，照亮了我的一段路程。期末的水平测试我跟你分到另一个学校的同一个班里。

下午考数学前，我紧张得一塌糊涂，甚至连向量求和都忘记了怎么做。向你求助后，你拉我去快餐店里，点了两杯大可乐后就埋头给我举例子。三张画得满满的草稿纸上是你的热情与善良。虽然我仍云里雾里，但是那种慌张和不安已经被抚平。

优秀的人总是受欢迎，总有人想和这类人成为朋友，我也没能免俗。但是直至现在，我一点点回忆我们共同的过去时，还是很庆幸当初的厚脸皮，否则眼下就没有故事可回忆了。

升到高三，我已经被做不完的试卷压得没有任何其他的想法，反倒是你，轰轰烈烈地谈了场恋爱。男主角是隔壁班学音乐的男孩子，眉目硬朗，才情不浅，你们在一起真是一道赏心悦目的风景。

后来我深陷在一段单恋里无法自拔，对方是外表俊朗的校草，成绩倒数可笑容迷人。你拉着我去操场，一圈一圈地跑步，告诉我一段好的恋情，要么是他让你变成更好的人，要么就让你更快乐。但更重要的是，我们需要的伴侣是能够明白我们的情怀和价值观，能够与我们并肩成长，而非因为那些外在的吸引而草率开始一段恋爱。否则不匹配和不平等的爱，早晚会被磨人心肺的日子消磨耗尽。

你的话就像是浓雾的森林里远远投射过来的晨光，让我看清楚了当下最该走的路，安然度过了压力重重的高考。收拾东西离开学校的那天，我又习惯性地望了望你教室的方向，再也没有看到你的身影，失落似张网，把我牢牢捆住。

或许以后，我再也不会遇到你这样好脾气的姑娘，能够给我解答出难题，也能帮我分析困惑，更愿意和我分享内心丰富的故事。

尔后在异地散心的我怎么也不会想到，半路出现的意外会把我平静的生活搅得一团糟，原本立誓说要做一辈子挚友的人，因了别人的挑拨教唆而与我分道扬镳，并且连解释的机会也不愿给。原来生活的真相，是有时候一些半路出现的问题让人措手不及，让人失望、灰心。

窝在房间里哭了三天的我给你写了一封站内信，细枝末节早已忘记，大意是抱怨不如意的遭遇。后来的一个深夜我辗转难眠时，收到了你的回信，字里行间都是鼓励我振作起来，并且要多爱自己一点儿，不要那么脆弱敏感，也不要怀疑这世界上的确有真情存在。

我拿着手机，屏幕暗了又亮起，我看了很多遍你写给我的话，到最后都可以背出来。我依靠这份力量慢慢恢复过来，直至彻底痊愈，再想给你写封长信时，却发现你已经注销了人人网的账号，留给我一个无法解释的错愕。

落日时分我坐在阳台上，想这一路走来都是我找你寻求力量，却从未主动问过你是否遇到不快、挫折和委屈。在我的潜意识里，就觉得你这样明媚的人，才不会为一些琐事伤怀，因为你那么强大，是那样一个胸怀似大海的好姑娘。

很长的时间里我都没有你的消息，我无法猜测你的现状，但肯定你不会湮没人海沦为平庸，对你会保持自身的特别，我深信不疑。

是在不抱有期待的时候，辗转看到你的微博，我试着给你发了一条私信，焦急地等着你的回应。久别重逢，即便是在虚拟空间，一样暖人心意。

看你发的状态是充实的忙碌，国外大学的紧张程度远远超过国内的很多学校，就像我时常偷懒泡在网上看电影看小说，而你却在图书馆为一场场考试认真准备，为一个个课堂演讲绞尽脑汁。

我很快就去别的城市实习了，临行之前想着无论如何也要见你一面，跟你简单地约了一下后，隔天接到你的电话，你说你的名字时，我都激动得说不出话来。你在咖啡馆里等着我，我走近你的过程中想着，从高二第一次见你到大二第一次跟你正式单独出来聊天，其间发生了那么多事情，我们都改变了那么多，可庆幸的是，我自十七岁开始萌发的想变成你的愿望一直没变，正是这样的坚持，才让我有机会坐在你对面，和你真正地交谈。

　　岁月让我们长大，也让我们拥有丰富的经历，你说毕业后就去华尔街闯荡一番，起码青春不悔，我说要继续坚持自己的写字梦，争取有一天也可以让你为我骄傲。你说我难过的那个夏天你也刚好失恋，但好在你现在有了更好的人相伴，也是因此，才可把过往当作笑谈。

　　现在我能说一口流利的英语，这项特长让我在大学里收获了足够多羡慕的眼光，我想着多亏了你当初给我的那惊鸿一瞥。并且我坐着绿皮火车去了很多的远方看风景，变得越发独立和坚韧。

　　我开玩笑让你不要再丢下我，让我一直有个清晰的奋斗目标。你说好，眼里的那份温柔我再熟悉不过。末了在告别时，你形容我像是蜜糖少女，因为笑起来眼睛眯成一条线的样子，非常感染人。此刻想想，你同样是我的蜜糖少女，在迷茫仓皇的青春期里给了我太多安慰，我想我们都要一直奔跑，直至遇上新天地。下次重逢时，一定成为更好的自己。

021

　　偶像，你不用停下脚步等我，只要留一只手在身后，我会抓着那只手追上你的。

吃 好 玩 好

西 沐

高三开学，有一半的老师更新。班主任走前的一夜喝了酒，走进班级对我们说："孩子们，我舍不得你们哪。"

胡文婷说她听了很难过，阿珍说他脸红脖子粗的样子还是很温暖的。

记得二年级时一个老师说他要走了，我的眼泪"哗"一下落下来，然后全班都哭了，弄得老师不知所措。那是我记忆里的第一次告别。一个人离开你，可能再也见不到面。

文艺的解释就是：断了联系的哭了也不会挽回，值得留恋的一定会再回来。

有一段时间我很想远行，每天唱着"日复一日的日子，我想离开了"，然后看着窗外还没落的树叶，其实我什么都没看出来，只是觉得来生做棵树也不错。

对于人，四季的更替只是衣服的增减，再高级一点儿就是为历史创造价值。

而植物，春天发芽，夏天长叶子，秋天叶子化为春泥，冬天沉睡，周而复始。

每一张不及格的试卷发下来，胡文婷就问我："什么时候能结束这种日子？"我说："随时。"说风凉话和做白日梦我一直很擅长。

后面坐了两个男生，老师在上面说税率，我盯着一个头发开叉的人狂吼："你营养不良啊？"一气之下在他身后动了剪子，他竟然无动于衷，让我有一种无处发泄的挫败感。

新来的班主任爱干净，从他以家庭主妇的姿态把班主任留下的垃圾坑一样的办公桌整理得干干净净、在太阳下发光这件事就可见一斑。

我的新同桌很喜欢吃零食，每次趁着班主任不注意和她偷跑下楼买零食，然后看着每个教室煞白的灯光，恍惚有种重生的心情。

得知莫言得到诺贝尔文学奖的时候，我正在刷牙。胡文婷同样满嘴泡沫说："这个消息足以震动全国了。"

我掏出手机，看见有一个人说："且当把诺贝尔和平奖颁给奥巴马一样是出于鼓励吧。"我听从胡文婷的指示，很文雅地表达了一百字的不带脏字的不满，但这并不足以平复我亢奋的心情。

我跑到同学空间回复："其实我们也算半个莫言同行，我们答过的卷子，写过的作文，字数不比莫言少，早晚我们也能大器晚成。"

胡文婷从箱子底下拽出一本《清华北大不是梦》，全班像打了鸡血一样用前辈的学习方法奋斗。

023

而我，只得到了一个启发，要保持正常心态，劳逸结合。

通俗点儿说，就是吃好玩好。

风雨自招路

汐一诺

我必须承认，一切始于"被逼无奈"。

话说公元2012年12月，风云乍起，一团名为"自主招生"的乌云飘到了我们这个小山城的高中上空。甚是饥渴的校长大人——说他饥渴绝对不冤枉，须知我们这小高中的文科班自打2008年沾尽奥运会仙气出了个"人大代表"（中国人民大学新生）以来，便华丽丽地一江春水向东流了——于是将求贤的炯炯目光投向了鄙人这个"看起来挺贤实际上闲得要命"的所谓优等生身上。在接下来的一周内，频频亲自请我去办公室"喝茶"，语重心长，谆谆教诲："你应该报个复旦大学千分考的。"

何谓"千分考"？此乃复旦大学自主招生考试也，满分一千分，五百道选择题包罗万象，天文地理无所不有，堪称神级自招考，坊间流传着关于它的种种传说……如此神考岂是我等凡夫所能驾驭？不如归也，但对殷殷期待的校长大人总得有点儿交代，那么——

可是时间来不及了。我兴致不高地搓着衣角。

校长大人当然不会轻言放弃，做领导的讲究的就是"没条件创造条件也要上"，加大火力"炮轰"我这冥顽不化的学生。大战十八回合，我终于败下阵来，顺手——顺手在自主招生报名表上填写了北大。

你问我是不是疯了？当然不是。北大肯定更没疯，所以她拒绝了我。但看着屏幕上熠熠生辉的"武汉大学"四字，我找到了莫大的安慰。

喜历史的同学们大抵了解传说中的两大联盟——"北约"和"华约"。坐镇自主招生的两大主力军恰恰也叫这名字，顾名思义，"北约"以北大为首，率港大等十一所高校出战，"华约"的头儿是清华，后边跟着浙大等八个重量级盟友。鄙人不才，只通过了武大初审，便直奔"北约"联盟考试去也。

联考算是十八年来最跌宕起伏、惊心动魄、令人发指的考试了，看着卷子就跟坐过山车似的，"嗖"一下就登顶了，"呼"一下又跌沟里了，那叫一个辛酸哪。具体真题诸位可自行百度"2013年自主招生奇葩题"，鄙人这里不再赘述。

看见成绩的瞬间我整个儿石化了：数学我以蒙为主、以猜为辅，蒙猜结合，填了价值四十多分的选择题，结果只对了三分之一！望着黑漆漆的"16"我满心戚戚，难道这就是传说中的人品问题？

然而，命运似乎永远喜欢玩弄不玩命的人，比如我。告诉我成绩的同学说："恭喜你，可以参加复试了。""哐当"一声，我被打回原形，定睛一看，好家伙，语文考进了全体考生的前十分之一，这是"另类达标"的节奏吗？

什么叫冰火两重天？在同一次考试中，我赛出了风格，考出了水平，答出了数学历史最低分和语文成绩位列前十分之一的佳绩……谁能给我一个合理的解释？

一度让那黑漆漆的"16"打击得食不知味、寝不能寐就差一蹶不振了，但老妈大人一句话点醒了我，这是好事啊，以后再也不会考得比这更差了。话是歪理，却歪得那么点儿道理，我连如此"鬼斧神工"的数学都考过来了，区区小挑战能奈我何？

振作起来，我整顿衣裳起敛容，收拾了头发，就奔向大武汉准备迎接新一轮大阅兵了。

这时候坊间传言我由于"语文单科成绩过于突出"被武大"破格录取"了，一时间鸡飞狗跳、兔死狐悲、狼多肉少……总之就是众生百态、包罗万象。阿路给我打电话汇报时我正躺在火车卧铺上听呼呼风声，便哈哈大笑："你听他编，要真是那样我一定笑得下巴脱臼。"

后来还听说北大招生办一个电话打到了学校，说："你们那个文科生啊，语文考挺好的，可惜啊，要是数学再多点儿就更好了。""多多少？""不多，就五十分吧。"

我仰天长啸、涕泪交流、黯然神伤，真的，这就叫江湖啊。

春日武汉天甚晴好，暖风熏得游人醉。坐在对面的面试官——也就是老教授同样笑得如沐春风，只听他不紧不慢开口："你的镜框是什么颜色？"

什……么？我再遭打击，脑海里前夜挑灯奋斗看过的备忘稀里哗啦碎了一地。果然武大老教授和蔼可亲平易近人，连面试都如此家常吗？本该感动的我却怎么想怎么觉得太不按常理出牌了。

咳咳，认真是鄙人的天性，哪怕是1+1我都能给你演绎出1.0、2.0等诸多版本来。遂淡定道："黑色，不过从某个角度看是蓝色。"

教授的脸黑了黑。"那到底是啥色？"

我估摸着他一定在内心深处默默吐槽我毫无幽默感，立马正襟危坐，毕恭毕敬答："黑色。"就差补充一句"回老爷的话"。

"嗯。"教授满意了，面试继续。其间诸多"雷题"，譬如"请解释'清新'与'文艺范儿'的区别"啦，"你今天这打扮走什么路线"啦，"觉得三场面试哪一场状态最好"啦……不一而足。什么叫"自由而无用"，今番算是领悟、受教了。结束后我躬身做乖乖女状曰："考官辛苦了。"退出考场见几位教授凑一块儿议论晚上去哪儿撮一顿，不禁笑场。

也许不必总是埋头赶路，路边的风物也很可爱的。

平生最惧等人，一旦被晾超过五分钟便浑身不适、苦闷万状乃至忧时伤世慨叹本运不济、命途多舛，但，复试结果结结实实让我等足了一星期！这还不算，而且是超过预定公布时间的一星期！诸位尽可以想象我是如何在电脑前面坐立不安全身N个关节不约而同地做伸展运动的。

正当我已经做好独自往角落一蹲默默吐丝结茧的准备时，信息来了：武大自主招生复试结果出来啦！风声鹤唳、草木皆兵说的就是我这熊样，立马连滚带爬扑向早已对我不耐烦了的电脑大人。登录，双击进入官网，查自主选拔录取名单，轻车熟路。按姓名拼音顺序排的，前面三十个一律跳过，然后自觉放慢了速度，心也一紧一紧起来。到了吗到了吗，这个姓的孩子好像很多呢，如果没有我的话……不许想不许想，强行压下不好的念头，然后……哇，有我的名字，过了过了过了！再一看，面试成绩二百五十分！天，别是三位考官凑一起一商量，得，这分数正合适，除了这姑娘别人也不太像，顺手就填上了吧！

可但是，但可是，我还是只想跳起来千里传音：亲爱的武大，我知道你是爱我的！

后来的后来，公元2013年7月15日，查完高考录取结果我就发了条说说："亲爱的大家，以后真的可以叫我武大郎了，樱花城欢迎你们！"

是真的，一路经风刮，受雨打，终于守得云开见日出。武大欢迎我，也欢迎你们，她在东湖边上，撑着花伞，等你来追梦。

027

蜜糖少女，请你一直奔跑

会有寒假替我爱你

小白豆腐

如果说这个世界上有什么东西日复一日无假期工作的话，我想答案之一叫作业，全名家庭作业，英文名字homework。门下弟子不计其数，各种教科书全解、辅导资料、复习资料、习题集连起来可绕地球N圈。

其中以寒暑假作业为代表。他们用数量成功地打击了高中生，用难度成功地绊倒了初中生，而对于小学生来说，他们通常是以数量少难度低为诱饵进行迷惑，待到结束时再将小学生一网打尽。

很遗憾，作为一个刚刚晋级的初中生，我再一次着了他们对小学生的道儿。

"咳咳，今天是8月31号，明天就是9月1号报名的日子了。"清晨第一缕阳光还没有来得及穿透林间的缝隙，妈妈就用她独特的语调向我宣告新一天的开始。其潜台词是："没写完的作业你要抓紧时间写了。"

无奈之下我开始打电话搬救兵，本来我是指望有人作业写完了顺带"提携"我一下，结果某某接通电话的第一句就是："你作业写完没有？借我。"我说："彼此彼此，我刚准备找你借。"他长长地叹了一口气。我再拨再拨，事态发展的相似度之高令我惊讶。

姐姐靠在墙上，"物以类聚人以群分。整个暑假跟你一起玩的现在都是你的难兄难弟。你还是实行自救吧！"

　　几乎大半个暑假没有写作业，一提笔，我连怎么拿笔都忘了。姐姐说："你个大笨蛋，叫你玩。"

　　然后我就一边写作业一边咕哝："你个大笨蛋，叫你玩，这下有报应了。"我妈盯着我说："这孩子不是中邪了吧？"我多希望我妈能够大义凛然地说："孩子，不要写了，明天我去跟你老师解释。"但是我姐以一个过来人的身份对我妈说："没事，他在救赎。"

　　好不容易写到下午4点半，写得只剩下半本英语。

　　我跟我姐商量："你帮我写，以后我的雪糕都给你吃。"姐姐摆摆手："那不行，要等老妈老爸睡了我才能帮你写。这样吧，你现在加油写，写到8点，8点以后我帮你写。"

　　我想我当时肯定眼里充满了希望的光芒，浑身的小宇宙都爆发了，所以才会一口气写完了英语作业。写完的时候7点43分。姐姐同情地看了我一眼，"你自己写完了，不能怪我。"然后我就傻乎乎地看着姐姐朝着冰箱飘去。

　　网上最近很流行一句话——暑假临终时握着我的手说："会……会有，咳咳，会有寒假替我来爱你。"

　　如果暑假可以帮我带句话给寒假，我想对他说："下次能不能不要带你的弟弟寒假作业？他工作范围覆盖全世界的学生，你就让他休息一下吧。最主要的是，我觉得他会阻止我们相爱。"

我们都不是神的孩子

杨西西

曾经灿烂整个青春的单纯努力

想给《中学生博览》投稿是因为受到了同龄人的感动。

然后，就去给编辑部寄稿了。

石沉大海，没有回声。

我身体那份"三分钟热度"的基因蠢蠢欲动，打击着自己渺小的自信。我一边怀疑着自己那份自视过高的自信心是不是就此被击垮，一边熬夜写稿。

邮件。信件。信件。邮件。

没有算过一共寄过多少次。但当春艳姐第一次邮件回复说"杨西西，你的文章通过初审"时，我激动了好久，拉着身边的闺密诉说兴奋。

半个月后，过稿名单公布，在其中一栏找到自己的文章名和笔名时，手指颤抖根本打不出字来，脑海里不是拉着闺密去快餐店庆祝的画面，而是想着曾经那么努力那么认真地遣词造句，甚至为了一个句子的表达被折磨得半夜才睡，那么辛苦那么用力好像全在这一刻变成了感动，硬生生地在电脑前哭了。

当我把邮箱投稿被退的截图放在空间里时，艾汀医生留言，说了一百多篇的经过。怎么形容看到留言时的心情呢？敬佩！得知他被选入"三月红人馆"的时候还有点儿不服气，咦，医生写的文也不算太多吧，怎么就被选上了呢？然后，看到这留言，马上骂自己：杨西西你真傻，人家退的稿子加起来比你都高！

我本来就是一只蜉蝣，只因为内心的爱支撑我走尽人间沧桑炎凉。我永远不会忘记，那些佝偻着身子趴在书桌前认真写稿的日子，空气中咖啡的香气氤氲……

踽踽独行的背后总有一双眼睛在注视

李老师是我最喜欢的老师，没有之一。

他是我高一的物理老师，脾气好，讲课认真，因为期中考，我们班的物理成绩超过了尖子班，高二他被调去教尖子班。

我记得高三一次模拟考我物理考了史上最低分——33分。下晚自习后，李老师遇见我就问怎么才考了33分，我支吾着，羞愧得说不出话，差点儿流出泪来。他拉着我说了很多话，他告诉我千万别灰心，高三一年可塑性很强。

回到家中，对着书桌上摊开的物理资料我哭得一塌糊涂。考33分的时候我没哭，被老班批评的时候我没哭，但是现在，所有的情绪就像找到了一个缺口，全部争先恐后地涌了出来。高二的时候，我的物理成绩滑到了下游，面对黑板上的公式茫然不知所措，是李老师给我私下补课，利用午休时间耐心仔细地给我讲解。高三刚开学的时候，他给他们班订资料，还问我要不要。高三会考报名的时候，他发来好几条消息提醒我只有放假的第一天才对本地的学生开放，过了这个时候就不能报名了。高三放寒假的时候，他还帮我把不会的漏洞给补上了。

还有一百多天就要毕业，感觉好舍不得他，在黑暗道路上踽踽独行时，他就像路边的一盏灯，暖色的光晕倾斜而下，我的前面一片光芒。

当所有的爱全都沸腾时

上学的路上有一条宽阔的公路，两旁都是田野，偶尔有汽车呼啸而过，道路两旁的树木在夜幕下变得奇形怪状，犹如一尊沧桑的老人雕像屹立在两旁，执着而坚定。

我每次走那条路时都会塞上耳机，用力哼唱出耳机里的歌词，走调而声嘶力竭。也有骑着电动车的行人向我张望，投来异样的目光。但习惯之后就变得无所谓了，给自己勇气比怕黑好得多，不是吗？

当你看到的我不再是忧郁的蓝色，当所有能看见不能看见的温暖，所有摸得到或摸不到的关心一起迸发，请你不要说什么努力不会有收获还是不要努力，怎么努力了还是考这么点儿分之类的话，我们从来都不是神的孩子，我们只是因为爱才一步一步成为神的。

清明雨上

　　那个曾经每次想起都会被难过堵住胸口的面容，在阳光的蒸发下会变成一片薄薄的影子，温暖地贴在心墙上。那些曾彼此怨恨、彼此伤害的"永远不可原谅"的誓言，全部败给了阳光，只剩下纯白的一片。

　　于是，当我们再次想起那些事，我们已经忘记了如何去伤痛，就像我和千城一样。

　　在荒草疯长的墓地，驻足，远望，一路的伤痕与温暖。怨恨与幸福，我们都一步步走过来了。

昨 日 星 尘

陈勋志

从高中开始我便是一个独来独往的少年。一个人做题、自习，在没伞的雨天跌跌撞撞骑着车回家，抑或奔跑在漆黑的校园跑道上，唯有星光像灰尘一样散落在肩膀和鼻尖，心情却在落寞之中闪现出明朗。那时的我不如说是被迫这般独来独往的，我所就读的高中生源极差，唯独我成绩遥遥领先有考上重点的可能。除了埋头学习和抱怨这里之外我的眼里容不下班上任何一个人，加之父亲是学校的后勤处主任，与任课老师关系熟络，老师对我的偏爱几乎让每一个人眼里都露着不爽。但我却觉得这些都很自然。独来独往的生活依旧继续，我抿着双唇面无表情只希望挺过这一年迅速逃离这里。

高三到来前的那个盛夏甚是燥热，只休息了一周便开始了轰轰烈烈的补课，白得扎眼的期末考卷发下来，连伤心的时间都没有便开始讲题。粉尘和汗珠漫天飞舞，我却仿佛做了一个漫长的夏梦。醒来之后发现空荡荡的身边多出了一个叫魏哲明的男生，他浸在漫天飞舞的粉笔屑中毫不怠慢地写着笔记，指尖因用力过度而变成白色。

魏哲明是上届转入我们班的复读生。黝黑的皮肤，墨色的头发，穿着件印有"热血"字样的白色短袖，眉眼间的明亮被隐藏在一种无所谓的表情里。似乎自己觉得复读并不光彩，平日里极少说话，下课的时间全被用来解一道数学大题。置于讲台上的吊兰伸出颀长的叶条，魏哲明的表情淡成一盅清水。

那时的魏哲明对我的状况毫不知情，只觉得我很励志，分数即使拿到重点高中也能排在前面。他的分数距离我二十多分，毫无悬念地排在第二。魏哲明与我并排端坐在教室的第一排，除此之外周围空荡荡几乎没有一个人，他不知晓其他同学对我的排挤，更不知晓这种排挤背后复杂的原因。但闹哄哄的晚自习依旧有纸团或者修正带的空壳从身边擦过来，或趁我不在的时候桌子上一大摞书本无缘无故被掀倒。此时我只好装作什么都不知道，狠狠静下心来收拾好继续埋头做题，魏哲明一脸不解地问我："你和他们是什么关系啊？"

"没，闹着玩呢。"我露出淡淡苦笑。

但状况却愈演愈烈。班主任在没有过问任何人的情况下将班长的职位交给我，我磨磨叽叽地答应下来。而班上其他人的目光却如芒在背，一些男生对这样的偏心行为早就厌恶至极，满腔的不甘心终于找到机会发泄出来。周五下午的理综模拟没有老师监考，整个教室乱成一团。而我明明已经急躁得不行，却基于自己的信念埋头苦干，间隙抬起头看见魏哲明，浓密的眉毛正拧在一起，在誊写物理大题的答案。似乎完全与教室内的喧嚣隔绝开来，独特安静的气质瞬间将空气固化。

打破这般宁静固化空气的是一瓶鲜红的胡萝卜果汁。像撕裂的晚霞一样打在魏哲明的手臂上，我的裤腿也溅到了一些。班上突然像是沸腾的汽水，后面一个男生吼着："扔得准不准啊，打错人了没看见？"另一个男生的声音冒出来："不都一样，两个人都不是什么好东西。"我缓缓转过头去，看见背后那群歪瓜裂枣的男生嘴巴张成邪恶的角度。我对着魏哲明说："等一下，我去办公室找老师。"手指却明显颤抖起来。

然而我的脚步都还没挪开，魏哲明便举起屁股下的椅子瞬间砸过去。就像是电影里播放的一样，那把充满怪力的椅子狠狠飞过去在后面那群人中间炸开，中途不慎擦过了一个女生的脑门儿。一声凄厉的惨叫，手忙脚乱之中女生的脑袋流出了鲜血。而魏哲明喘着粗气站在原地，白衬衫上的胡萝卜汁像开满的艳丽杜鹃，又像是被人开了几枪进出的血。他斜着眼犀利地看了看我，便不再说话。

晚上我和魏哲明被叫到办公室数落。这是我第一次被老师教训，之前都是被夸奖。我漫不经心地答应着，老师也不再追究，只是罚我们晚自习在办公室面壁。日光灯像一条条白色的鞭子抽在我的脸上，狭小的空间闷得像一只透明的蚕茧。末了魏哲明问我："你高一和高二就是这么过来的吗？"

我说："被胡萝卜汁泼，还是头一次。"

"从来没有想过改变？"魏哲明说。

"高考完离开这里就好了呗。"我故作轻松。

"那明明是逃避。"魏哲明悄悄叹了一口气，双手撑在墙壁上不知道在想着什么。这时门口突然探出个人影，是下午那个被椅子擦伤的女生，叫唐浅。脑门儿上还缠着纱布，皮肤不知道是因为惊吓而变得苍白还是本身就是那样。乍一看，是很漂亮可爱的女生。我和魏哲明心里暗自紧张着，那女生先开口说："我的脑袋只是擦伤了而已，没大事了，你们别罚站了，回教室写作业吧。"

似乎生怕耽误了优等生的宝贵时间一般，见我俩没什么反应，她便过来硬生生拽我的衣服。我说："你没事吧。"说着用手试着碰了碰她的额头。

结果被她礼貌而轻巧地躲开。"只是擦破了皮，不怪你们的。"末了她给我一个坚毅的眼神。

也许是一直专注于学习，我对唐浅这个人的存在几乎没有感觉，平日里就胆小低调的女生，因为学习美术而大部分时间又不在教室。不过这些日子尽管班上大部分人对我愈发讨厌，但知晓了魏哲明的脾气以后似乎也不敢有大动作。我们并肩在众人鄙夷的第一排做同一张理综试卷，窗口送来香樟的气味，在我的身边形成一道宁静的屏障。那时我从来不下楼做操，利用这间隙做题总算可以清净些，班上的人三三两两走光之后还剩我和唐浅，之前不知道她是否也留在这里，或许她就是这般缺少存在感的人。只是这次和往常不同，她微笑着说："陈勋杰，下去做操吧。"

我被惊了一下倏地抬起头来，她接着说："总不能上了三年高中一次操都没做过吧。"照例是没有被污染的微笑。

我略有迟疑，不想做出让她讨厌的举动，于是放下笔和她一起走出教室。却遇见气喘吁吁的魏哲明。

他吃惊地说："你不会是要去做操吧？"

"是啊。"我看了看唐浅又看了看他。

"太好了，正在开每月的优秀班级评比，老师叫我拉你下去呢。"虽然是满满的难以置信，但魏哲明还是保持着以往清淡的语气。

魏哲明问我："你和唐浅什么关系，我怎么叫你都不会下去，她的一个笑就把你搞定了。"

"普通关系。"我张了张口。

之后天气渐渐转凉，蚊虫减少。我和魏哲明相伴延长晚自习的时间，然后结伴沿着星辰连成的线回家，日子整齐心情平静。魏哲明喜欢边思考边沿着教室里的过道走动，某一天他突然惊叫一声，他说："陈勋杰，快过来看，这幅素描像不像你？"

我循声走过去，魏哲明从抽屉里拉出三四幅简单的素描，都是侧脸。魏哲明看了看我，又看了看素描，说："果真是你，不信你看。"我看了以后脸色瞬间红了，翻了翻桌上的课本，名字写的是唐浅。

那是唐浅在做操时间留在教室画下来的。

而我明知道她喜欢我，却变得更加沉默了。习题、试卷、考试，还有背负在身沉重的希冀和不想让嘲笑我的人看见我失败的决心，我不想和任何人有什么关系，但我并不把这些话说出来。青春是道花形的伤口，已经足够让我感到疼痛。而恋爱是一把盐，会把我的生活完全搅乱。

之后唐浅邀请我某天晚上去看月食。其实我对天文一点儿都不感兴趣，她也应该一样。我看着唐浅桃色的脸颊，说："那天不知道会不会下雨。"

唐浅墨色的头发像瀑布一般倾泻下来，她说："不下雨的话就能来咯。下小雨也没关系的吧。那到时候我在顶楼废弃的走廊那里等你。"话语里透出掩盖不了的兴奋。

我点头默认。

我对魏哲明说："我恐怕是不会去了。"

魏哲明的眉毛依旧拧在一起，说："为什么，她这么好一个女孩子。你有病吧。"

我说："我没说她不好。万一她跟我表白，我是说万一，那多麻烦，我最讨厌高中的时候谈恋爱。"

魏哲明瞥了我一眼说："你总是这样，怕浪费时间怕这怕那，就好像你少了时间写作业会死了一样。"末了他叹了口气，说："陈勋杰，你为什么不勇敢一点儿，说不定可以改变很多。"之后他便低头写卷子不再说话。

约定好的那天下午，我被班主任叫到办公室谈话。班主任首先分析了一下我的成绩，他说这样继续保持的话上重点是没有问题了。接着将身子前倾靠近了一下，扶了扶那副快要散架的眼镜说："马上要评比省优秀班干，当初叫你当班长就是为了这个，到时候只要你成绩优秀学校会负责弄材料，省优秀班干非你莫属。还有就是去北京参加保送资格的考试，这个的话全校只有两个名额，一个是给文化考生一个是给艺术考生。这个名额也敲定给你了，到时候拿上省优秀班干的证书，会为这场考试增色不少。"

我说："魏哲明成绩也很好。能不能破例再增加一个名额？"

"不可能。"班主任说，"他是复读生，而且资质和你相差一大截。"

"可是他现在的成绩已经跟我平级了，上次甚至超过了我。"

班主任舔了舔干燥的嘴唇说："要知道，你才是学校的保护对象。这段时间继续好好学习吧。有改变会告诉你。"

我点了点头，身上却像被什么东西重重碾过一般。天气晴朗，晚上的月食应该会非常清晰吧。但我却失了魂魄般坐到自己的位置上，全然忘记了和唐浅的约定。最后到了晚自习是魏哲明终于忍不住，说："陈勋杰，唐浅说不定在等你呢。"

我说："天空一片黑，什么都没有。她肯定躲到画室去画画了。"

魏哲明说："万一她在等你呢？让人就这么傻傻吹冷风吗？"

我说："你反应这么激烈干吗？我就不去，能怎样？"

"那我们打个赌，下课去一趟顶楼，看唐浅在不在那里。"魏哲明气势汹汹地说。

结果我还真和魏哲明去了顶楼，只不过距离和唐浅约定的时间都已经过去了一个多小时。她人果真不在那里，我一脸胜利的模样，说："看，我果然是对的！"

一转头，却挨上魏哲明狠狠一拳，我一个趔趄重重地摔在地上，白色的石灰粉像爪印一样擦在裤子上。魏哲明逆着风说："这一巴掌算是为唐浅打你的，也算是为我自己打你的。陈勋杰你知道为什么这么多人讨厌你吗？你难道没有好好想过原因吗？"

我沉默，只是用激光一般的眼神瞧着魏哲明。

"你再怎么成绩优秀受到老师的优待也还是无法成为让人喜欢的人。因为你吝啬时间、吝啬感情，根本不愿意与别人分享。"

我嘴角露出勉强的笑，像一个无药可救的疯子。魏哲明独自下去之后，我又哭了起来。突然的委屈和失望，以及被自己信任的人讨厌的难过，一下子迸发出来。

那天下午班主任找我谈话的时候魏哲明恰好想问问题，他站在门口目睹了他去北京参加考试的资格被我硬生生地夺走，也目睹了唐浅单纯的感情被我冷落揉碎。两周之后，魏哲明转学去了市里的高级中学，闹哄哄的班级却从未因此消停。而我，重新做回了那个沉默如谜一样的少年。去北京参加考试的通知下来，艺术生一方是唐浅。而我却有些筋疲力尽了，伫立在刺骨的寒风中，我紧紧捂着自己的心口，手中的梦想却越燃越旺，我默默告诉自己，想成功，就要学会改变。

唐浅对魏哲明突然转学的事情很惊讶。她眼神仿佛望向很远的地方，说："果然他还是看不起这个破地方啊。"

我感到内疚，说："如果他早就去了市里的高级中学，也许会过得更好吧。"

"不一定哦。"唐浅说，"也许他只是想换一种方式激励你。总之你这些天好好的就行，考试过了再说。"

"你真是个可爱的女生。"我盯着唐浅明澈的眼眸说。

十二月份，一年之中最冷的季节，我和唐浅坐上了开往北京的隆隆火车。

此时的北京已经漫天飞雪。我从未见过如此纯白柔软的雪，像是羽毛一般轻轻敷在肩头。而面对保送竞争的压力，我却在开着暖气的公寓里失眠了，我突然想到，魏哲明一定想看我的笑话，保送资格他一定胜券在握，他想证明给我看，无论我怎样挤时间去做题，怎样在高三保持着心如止水、孑然一身的姿态，终究还是败在那个破学校。

考试那天清晨，地上覆盖着厚厚一层的白雪。我推开窗，发现雪地里正盛开着一朵莲，是被人用脚印踩出的美丽图案。

我最喜欢的便是莲，没有任何一种植物能如它一般平和委婉。这个时候唐浅从底下冒出来，她穿得很厚，像一只小狮子，跳跃着对我喊："哈哈，漂亮吗？快下来！快下来！"

我呼着白蒙蒙的热气来到下面，我说："今天不要考试吗？这是你做的？"

"不是，魏哲明给你的惊喜。他为这个整双靴子都湿了。"

我抬头，看见魏哲明交叠着手靠在一棵覆满白雪的松树下，尽管靴子都已经湿了，但仍然将双脚做出一副很酷的姿势。

我说："真有闲情啊。"

唐浅一把将魏哲明推到我面前，然后走到我们的中间，她说：

"来来来，我们一起击个掌，被选中的孩子们，为了自己的未来而战吧！"

魏哲明说："这是哪儿跟哪儿啊，真会说。"说着他伸出手掌放在我的面前，神态平静地说："陈勋杰，加油！"

我缓缓将手掌叠放在他的手上。"嗯，加油！"

雪花纷飞落在少年和少女的睫毛之上，瞳孔却依然保持着最为明亮的颜色。原来梦想和祈祷，原谅和祝福，一直都陪伴在身边。

清 明 雨 上

陈映珠

这是一个真实的故事。2008年5月27日，碣石三十米圆礅地段，一辆大卡车横撞到一位少年，伤者因失血过多，当场死亡。

于是，我的生命中便缺少了一位挚爱的人。

清明曾经告诉我，他想过一千多种死亡的场景。

然而，最美的死法，莫过于在残花伴着骤雨、街灯伴着雾气的夜晚，突然消殒。这种美，美得让人心口隐隐作痛，美得风轻轻一吹就可以泅出泪……

1

清明离开后的一年里，我的灵魂坠入了深不见底的水域，愧疚和哀伤折磨得我难以呼吸。抬起头，看到的天空仍是灰蓝色。

一首《清明雨上》，抖落积尘，一不小心，记忆散落一地。如果可以，我会选择忘记那段记忆。一段算不上美好的记忆，也隐藏着许多丑陋的秘密。我曾发誓这一辈子不向任何人提起，包括自己。

2

2008年3月3日，余路在江西省做非法生意被捕。陈晓兰听到这个消息后，傻了。她愣愣地坐在地上好一会儿后，歇斯底里地痛哭起来。而我呆滞地站在墙角，我忘了我当时是哭的还是面无表情的，只知道心被撕破了一道口，愈加疼痛。

原来欢声笑语的家里一下子被死气沉沉的气氛笼罩着。狭小的空间骤然变大，空旷得让人发慌。

陈晓兰对我变得十分冷淡。很多时候，我都怀疑她根本不是我喜欢依赖和撒娇的妈妈。她变得情绪化，经常对我发脾气。但这些我能理解，她是担心余路。

3

我开始注意陈晓兰的行踪。她每天都很晚回家，不给我做晚饭，回到家里就直接把自己关在房间里。一次，我在门口等她回来，忽然一辆黑色的轿车停了下来。陈晓兰从车上下来，走了几步，转身向车里的男人挥了挥手。

我跟在陈晓兰后面进了房间，很耐心地等她放下包包，脱掉高跟鞋后，用尽量平缓的语气调问她："你不是说加班吗？"她点头。

"你加班还是跟男人约会去了？"我嚷嚷道。

陈晓兰脸上有了一抹怒气。她说："你小孩子家懂什么！"

我梗着脖子说："我懂什么？我懂你和男人约会去了。爸不过才离开两个月的时间，你就去找新男人了？"

我的话刚说完，陈晓兰就一巴掌抢过来，我没来得及躲闪，嘴角渗出了血。我没有哭，跑出房间拎了个书包就往外走。

陈晓兰追在我后面问："你这么晚去哪儿？"

我无所谓地说："去哪儿都比跟你待在一起强！"

门"咣当"关上时，余光让我看到了陈晓兰的眼泪流了下来。

4

在外面流浪了几天后，我花光了身上所有的钱。百般无奈下，我选择了暂时住在清明家。清明的父母是做早市生意的，所以早餐都是我和清明出去外面买的。

一天，我和清明买完早点，在回来的路上，清明望了望天空，长长叹了口气，说："南希，你不打算回家吗？"

我没有回答他，清明知道我正在气头上。

"南希，"清明把我耳朵上的耳机摘了下来，"别听这些吵死人的东西了。"

"你干吗？"我臭着脸问他。

清明笑了笑，抓起我的双手，把掌心向上摊开，说："掌心向上，拥抱阳光。"

我抬头望了望灰蒙蒙的天空，说："没有阳光，怎么办？"

清明又笑了笑说："那就等阳光出来啊！"

清明对我说过很多次，他说："南希，不要抱怨父母，不要抱怨生活。抱怨除了痛苦之外什么也没有给你。你应该摊开掌心拥抱阳光，笑着面对痛苦与伤害，幸福与温暖。"可这些都是对我不起作用的大道理。

"可是，阳光要是永远也不出来呢？"我刚刚说完话，手机的铃声就响起来了，是千城打来的。

千城用少有的沉重语气对我说："南希，你误会你妈了，你妈这两个月都在操心你爸的事。那个每天都跟你妈在一起的男人是你爸爸的委托律师，你爸的案子下个星期三就要提审了。"

"南希，你回家吧。"千城最后对我说。

回到清明家时，陈晓兰已经在大厅等着我了。我看到陈晓兰憔悴的面容，心中生出凛冽的疼。

陈晓兰拽着我直往外走，像小时候那样牵着我的手，生怕又把我弄丢了。她说："如果你还想见你爸，就跟我回家……"

5

我和陈晓兰决定跟着委托律师去江西省找余路。

临走的前一个夜晚，千城死缠着我说要和我一起去江西。他说："南希，如果你还当我和清明是你兄弟，你就让我俩跟你一起去。"

我坚决不让他们跟我一起走，我说："千城，你小子当我去旅行啊，我是去看我爸，还有啊，快中考了，你不待在家里好好复习啊？"我又向清明使了使眼神。

清明向我点了点头，说："千城，我们还是别去了。南希的心情够乱的了，我们还是别再给她找麻烦了。"

千城急了，他说："嘿。清明你小子怎么说变卦就变卦，刚刚咱私下不是说好的吗，一定要跟南希去。你想想，咱仨从小玩到大，什么时候分开过。南希的臭脾气你是知道的，她一耍性子，她妈都镇不住她。这次要去那么远的地方，咱俩怎么可以不跟她去。"

"千城，你放心吧，这次我不会乱使性子，我会好好听我妈的话——"

"千城，听南希的话吧。"清明拍拍千城的肩，语气沉重地说。

在我和清明的双重劝说下，千城只好很不情愿地答应了我们。

那一晚，清明又抓着我的手，把掌心摊开向上，说："掌心向上，拥抱阳光。"

我望了望黑漆漆的夜空，说："没有阳光怎么办？"

"那就等啊。"千城凑了上来，敲了敲我的头说，"丫头，早点儿回来哦。我和清明会等着你，我们一起参加中考。"

6

2008年5月27日，我们抵达江西省。委托律师把我和陈晓兰安排在旅店后对我和陈晓兰说，余路的案子明天就要开审了。

那一晚，下起了暴雨，我看着楼下的人都为了避雨奔跑。手机的铃声响了起来，像美丽的音符直接跳到暗哑一样措手不及。像这场暴雨突然袭来，没有一点儿预兆。

电话里，千城沙哑着声音，说："清明出事了。"

"你说什么？"

"清明出车祸了。"

"……"

"是在三十米圆礅地段发生的事故。"

"……"

"南希。"

"……"

"南希，你快点儿回来吧！要快点儿。"

"……"

"南希——"

像是腾空而起的候鸟鸣破了苍穹，心口霍地塌陷一大片。我哭喊着说："妈，我要回去，我要回去看清明，妈——"

陈晓兰拉着我不让我走。"南希，你不可以走，你爸明天就要上法庭了。你要是走了，就很难再见到你爸了。或许，或许这辈子都见不到了。况且，事情已经发生了，你回去也无济于事啊！"

我坐在地上号啕大哭。因为除了哭，我不知道我还能做什么。我就只能这样站在原地，无法向前，无法后退，而脚下是翻滚的暗流。

7

2008年6月1日。江西省人民法院判余路有期徒刑七年。最后一次见到余路时，我发现他老了很多。

余路用他那粗糙的手帮我擦掉脸上的泪痕。他说："孩子别哭，是爸不好。是爸一时财迷心窍才走到今天这个地步。孩子，爸对不起你和你妈。孩子，答应爸爸要好好照顾你妈妈。"

我抱着在我怀里哭得浑身颤抖的陈晓兰，就像小时候陈晓兰抱着在她怀里哭鼻子的我一样。我发现瞬间的转变，我长大了。我使劲地点头说："爸，我不哭，我不哭。我会好好照顾妈妈的，你也要好好照顾自己——"

8

2008年6月4日16点。我和陈晓兰返回碣石。我都没能赶上清明的葬礼。我赶到墓地时，千城站在清明的坟前看着我。我觉得喉咙干涩得发不出一点点声音。

千城抬起眼看着我，冷静到让我失去一切气力。

"你都不来看看清明。"

"连葬礼都不来。"

"都是因为你，清明才会出事的。"

我抬起眼，惊讶和悲伤揉碎在一起，"你说什么？"

千城依旧很平静地说——

"那晚……我和清明决定去江西找你。在去车站的路上，清明出事了……

"医生说清明失血过多，当场死亡……

"可是……你都不来看看他……他是因为你才会出事的。

"都是因为你啊……如果你一开始就让我们跟你一起去，清明不会如此。

"都是因为你……

"全部都是因为你……"

在空旷的墓地上，千城的声音一声比一声高。

我突然软弱到想找个什么东西靠一下，才发现四面落空。除了站在面前与我对峙的千城，周围没有任何依靠。

9

也许命运是个恶魔，看不惯我们过得好。

余路坐牢，清明死于车祸，千城中考失利。没有人想到千城会考不上华师附中。千城从小到大成绩都很好，我一直以为千城会顺利考上华师附中，然后考上名牌大学。

可是中考毁掉了这一切。

我在海边看见千城，他正安静地坐在礁石上，望着浑浊的海水出神。我轻轻拍了拍他的肩膀，不知道该说点儿什么安慰他。他也始终没说一句话。我们俩在礁石上从早晨坐到中午。回去的时候，千城只对我说了一句话。他说——

"南希，我不会原谅你的，都是因为你，清明才会那样的……"

而我只是静静看着他，不动声色。

10

后来千城决定不再读书了。他爸爸不同意，失去清明后，他爸爸把所有的希望都寄托在千城身上。可千城说什么都不愿读书。

一连几个晚上，我都听到他爸爸打他的声音。我急着喊陈晓兰，陈晓兰像救火般赶去劝他爸爸。而我偷偷拉着千城往房间跑，然后四处寻找药水帮他涂抹。

千城总是很安静，也不说话。我心疼地帮他涂着药水，问："疼吗？"

他抬起头看着我，眼神是那么陌生可怕。

"余南希，都是因为你。如果你让我们跟你一起去，清明就不会那样了……"

"你说清明是因为谁才会那样的？"我看着千城，声音像湖水一样波澜不惊，"清明那晚给我打过电话。"

千城的眼神晃了晃，说："你什么意思？"

我直视着千城的眼睛，"清明那晚给我打过电话，他说你一直吵着要他和你去江西找我。"

"那么——"千城的眼神黯下去，用力咬住嘴唇。

"那么——"我一字一句地说，"如果不是因为你，清明就不会去车站，也就不会被车撞到。害死清明的人是你不是我，千城，我不会原谅你。是因为你，清明才会死的。"

千城看着我，眼里漫过戚戚的黑暗，巨大的泪珠从他眼眶中滚出来，他的眼神变得无比忧伤。他说："你都知道了，你知道了一切。但你还是不动声色地看着我，看着我如何自圆其说吗？是，是我害了清明，但你也同样有错。余南希，我不会原谅你，我也无法原谅我自己！"

"是，我知道了一切，但我选择沉默。因为我想到这是对你最好的惩罚方式。"我的眼泪控制不住地落了下来，"我就是要你一遍一遍确认，逐步地惩罚自己。"

"千城，我要执着地拴住你，我就是要你一遍一遍地确认，害死清明的是你！"

我走在街上，雨滴落在脸上，心中生出剧烈的疼痛。

那晚之后，我和千城断绝了往来。偶尔在路上遇见，目光碰撞的一瞬间，也可以从对方的眼里看到浓烈的恨意。再后来，我就没有见到过他，听人说他去了广州打工。

11

时光依旧安静地流淌，不会因为某些人的悲伤或悔恨而停止流动。

我开始喜欢一个人独来独往。偶然经过那个地点，我会发呆，我最好的朋友、最重要的同学、最亲密的表哥，曾在这里满身鲜血、血肉模糊地死去。接着第二个表哥因此远离了我。我们三个曾像三生花一样，没有人能代替，没有人能阻隔，亲密无间。我们从小一起长大，总是肩并肩走在一起，在同一张小小的床上睡觉，有时彻夜打闹。父母们也不知道我们三个的感情可以好到像一个人这种地步。但是就因为我一次短暂的离开，清明永远地离开了我，千城与我反目成仇。而我现在还留在这个令人伤心的地方看着灰蓝的天，泪流满面。

傍晚时分，阳光向前延伸，铺向我的书桌。书桌上的那张照片，里面是两个男孩儿和一个女孩儿。千城在旁边龇牙咧嘴的像个白痴，清明兀自温暖地笑着，而我没什么表情。我想无论是谁大早晨被人叫起只为了照一次大头贴，脸色都不会好到哪里去。

我每次看完照片都会努力把脸埋在枕头里面，但还是没能阻止厚重的呜咽冲破喉咙。我不知道我还要悲伤多久。我总是看到候鸟在天空成群结队地远去，我努力伸出双手，摊开手心，接住的却都是承载着伤感的羽毛。

12

那时我快一年没有见到千城了。他染着棕黄色的头发，长得英气逼人，没有了早前的模样。他说："南希，我们一起去看看清明吧。"

我愣了愣才想起明天就是清明节。我答应了。

"哦。"然后转身离开，避免和他目光对撞。

我们给清明上完香后，千城拉住了转身要走的我，说："南希，如果清明还在，他一定——"

"够了，千城，那都是过去的事了。"我并没有转过身，因为我害怕又触碰到他充满恨意的目光。

"南希，难道我们还要继续抱怨下去吗？"千城松开了抓着我的肩膀的手，"如果清明还在他一定不希望看到我们这样。"

"南希——"

我转过身，千城的眼眶已经湿红了。他伸开双手，掌心向上。

我看着千城，目光久久地没有收回去，然后泪水滚烫滚烫地掉下来。"掌心向上，拥抱阳光。"

"掌心向上，拥抱阳光。"千城的眼泪也掉了下来。

"掌心向上，拥抱阳光。"我和千城都笑了，笑着笑着，我们又哭了。

以前的清明总是对我和千城说"掌心向上，拥抱阳光"，每次我和千城都会"嘁"一声，再狠狠白他一眼。但当我们真正明白这句话的意义时，清明已经远离了我们不知多少个维度。

051

13

那个曾经每次想起都会被难过堵住胸口的面容，在阳光的蒸发下会变成一片薄薄的影子，温暖地贴在心墙上。那些曾彼此怨恨、彼此伤害的"永远不可原谅"的誓言，全部败给了阳光，只剩下纯白的一片。

于是，当我们再次想起那些事，我们已经忘记了如何去伤痛，就像我和千城一样。

在荒草疯长的墓地，驻足，远望，一路的伤痕与温暖。怨恨与幸福，我们都一步步走过来了。

一夕渔樵话

小太爷

杜容止欺压乔文韬这个事情，我们要从头说起。

从头发说起。

乔文韬也曾经有过幸福的童年，他阳光、可爱、清新、优雅，是老师的好助手，同学们的好榜样。他也曾有过这样辉煌的战绩：所有女同学的辫子都被他扯了个遍。但正所谓是晴天霹雳震地响，杜容止是个活阎王。从乔文韬把青春稚嫩的小手伸向杜容止的头发的那一刻开始，他也就基本告别小霸王了。说时迟那时快，杜容止抓住乔文韬的手腕就是一个过背摔，动作潇洒流畅一气呵成，引得众小朋友掌声雷动。

趴在地上的乔文韬哭得差点儿背过气去，同时在他那幼小的心中埋下了反抗霸权主义的种子。

是的，从万恶的旧社会到新时代，乔文韬角色转变就是这么快。

他是一个反抗者，孤独地走在路上。

乔文韬至今还能记得自己刚踏进小学班级第一步时看见杜容止的感受。首先是冷，浑身发冷如置冰窖；其次是腿抖，浑身发冷抖若筛糠；最后是大哭——"我不要上学——"

乔文韬妈妈以为自己儿子是怕生，于是好言安慰并把他领到了杜容止的面前，"你看呀韬韬，容容也在呢！"

要说明的是：由于杜容止在幼儿园时的"优异表现"对乔文韬造

成了巨大的心理阴影，乔文韬从那之后"明显老实了很多"，这让他的家长们不由得都对杜容止生出了一丝敬意。

所以……

"阿姨你放心吧！"杜容止脆生生地答，说着就把乔文韬拉到了自己身边。乔文韬望着妈妈远去的背影，真是想死的心都有了。

那个时候乔文韬长得小，活像个瓷娃娃，性格又是乍看起来很温柔的类型，所以小姑娘们都喜欢和他说个话玩个游戏什么的，但可以用武力来管教他这项特权，她们是没有的。

所以杜容止总是得意地抹着大襟："我骄傲啊。"

孤独的反抗者走到了初中，这回他发现了，他是真的孤独了。压迫者举家搬迁去了外地，他再也不用反抗了。他终于可以在阳光下自由自在地呼吸新鲜空气了。

然而，他发现一切也许并没有想象的那么好。

他的新同桌不像杜容止一样丢三落四，成天靠借东西度日，却也跟他少了交流；他的新同学没有杜容止一样"刻薄尖酸"逼着他学习听讲，其实是因为根本没有那个义务。

没有人再在他耳边念叨这不行那不行，一切都行了。

可他头一次真真切切地感到：一切都不行。

初中阶段的乔文韬变得内敛温顺，沉默寡言。黑框眼镜下面藏着一双柔和的眼。家长们倒是很欣慰于他的变化——乔家人世代行医，大家也都很希望乔文韬能成为一个儒雅的好大夫，就像电视里演的那样，而不是一个长不大的孩子或者是太过活跃的怪叔叔。

有一天乔文韬正在写作业，被刚从外面回来的乔家爸爸招呼到客厅里，乔家爸爸笑嘻嘻地说："有人写明信片给你啦！"

乔文韬一脸疑惑地拿进了屋，打开，是杜容止的字体——他一眼就能认得出来这种字，像是练过又像是没练过，豪迈奔放，不拘小节，就像她那个人。

也像她抄写的白朴的这首曲：

"忘忧草，含笑花，劝君闻早冠宜挂。那里也能言陆贾？那里也良谋子牙？那里也豪气张华？千古是非心，一夕渔樵话。"

你试过惦念幼时好友的感觉吗？你在东我在西，可这种思念，却是从未断过。

乔文韬就是。

他小心翼翼地收起，将它夹在书页间，然后抬头看看星空，笑得很甜。

初三那年的情人节，一个一直喜欢乔文韬的女孩儿约他出去，他皱皱眉头，本想拒绝，正对上那人目光，于是便答应了下来。女孩儿脸庞红透，又羞涩地跑开。乔文韬的好哥们儿过来拍他，"老乔的春天到了，鸟语花香，万物复苏……"他本人有些发愣，莫名其妙地就想起了杜容止。

乔文韬，那姑娘还有好哥们儿老丁三人一大早就集结出发。二月份的天气说到底还是有些冷，老丁和乔文韬裹得像熊，女孩儿为了显瘦显漂亮，愣是穿了件小风衣，冻得上下牙直打架。老丁一个劲儿地暗示乔文韬把衣服脱给她，可乔文韬就是不给，犹豫半天最后说："咱吃冷饮去吧，那屋暖和。"

仨人一路小跑到了冷饮厅，刚进门就被人撞了出来。定睛一看，乔文韬立刻就傻了——来人正是杜容止。她还是一张圆圆的娃娃脸，眼睛又大又亮，灵动得好像会说话。杜容止笑着招手："同桌！"

老丁一个箭步凑过来，"哎哟，真是她呀！姑娘幸会幸会，乔文韬家有你一张照片，那小子当宝似的……"老丁忽然回头看了一眼同来的女孩儿，停住了嘴。

"你回来啦？"乔文韬半晌回神，又是惊讶又是惊喜地问。

杜容止摇头，面色发白，"没有啊。我就是回来玩两天，过几天……"她看了看那个冻得不得了的小女孩儿，语气严肃了些，"下午就回去。"

"那我请你吃饭！"乔文韬完全听不出杜容止的微愠，还是热热乎乎地问。

"算……算了……我先走了！"杜容止含糊不清地说完就闯了出去，乔文韬在原地站着，追也不是不追也不是。

那天晚上，乔文韬满是疲惫地给老丁打电话。

他说："我可是要逆袭的人啊，这都哪儿跟哪儿啊？为什么啊？为什么她总是能那么不把我当回事啊？"

老丁想了想说："别的不敢说，同学三年，我倒是头一次见你那么高兴。不就是个发小吗？至于吗？"

乔文韬咬牙切齿："她就是我敌人！明明走了也要死灰复燃的敌人！"

实际上杜容止是真的回来了。杜爸爸再次调回，就带着杜妈妈和杜容止一起又搬了回来。

那天她是去开冷饮厅的小姨家拿东西的。

她见到乔文韬的时候的那种高兴，相比乔文韬见到她有过之无不及。只是那个女孩儿过于愤恨的目光让她似乎是明白了什么。杜容止觉得自己太傻了，费尽心思地写什么贺卡明信片的，兴许人家早扔了。

所以她赌着气，她再也不想见到乔文韬了，虽然他的脸还是会时不时地晃出来。

她想忘了他了。

在一个有限的区域里躲一个人是一项技术活，例如杜容止想躲乔文韬，这个就很难。但她也有优势，例如乔文韬真的以为她已经走了，不在这里。有好几次她险些被抓到，乔文韬似乎只要一见了她的背影就喊："杜容止——杜容止——"她就也背着身说："你认错人了。"

第N次遇见是在一个神圣的地方：食堂。

当时杜容止正在排食堂菜，反反复复地找前面有没有熟人，想很恬不知耻地找个熟人帮自己提前刷——她想吃地三鲜，那个菜做得不多，排到她那儿肯定就没有了。

因为地三鲜，她被发现了。

乔文韬拍她肩膀，她回头，两人又是相顾无言。她转身想逃，乔文韬拦住她说："陪我吃顿饭吧？十分钟也可以的。"

她站在那儿，乔文韬刷了两份饭，一份是他自己的茄子，另一份是打了两勺的地三鲜。

"你还记得啊。"杜容止尽量打破尴尬的气氛，很努力地想挑起话茬。结果说了好几句，乔文韬就是不吱声。

"你说的十分钟也可以，我来了你又不说话，那我不吃了。"杜容止扔筷子要走，乔文韬也不制止。杜容止走了几步又走回来，气鼓鼓地坐下问道："你什么意思？"

乔文韬抬眼，轻声笑道："我想赢一次。"

他撂下筷子悠悠地说："我想赢一次，真的，输给了你这么多年，我想赢一次。小时候打架打不过你，估计我现在也打不过你……毕竟你妈是柔道教练。学习也学不过你，从小到大都是。我一直觉得我性格比你好，结果我发现我错了，你很强硬很霸道，是因为你心里没有邪念，是个很纯粹的人。我很柔的一个人，根本强硬不起来，因为我有怕的东西。"

他看了看杜容止，确认她在听，于是继续说："我小时候遇见你之后曾经很失落，在家的时候我是独子，所有人都疼我。我家条件还算不错，我的愿望基本没落空过，你让我见识了什么叫特例——自从你开始了对我惨无人道的压迫……你可能不会理解，你走了之后我是更失落的……失落的是没有人再那么实心眼儿地对我好了……"

杜容止打断他："你后来不是找到了，小姑娘多好个人。"

乔文韬这才意识到她误会了，"这个先不忙解释，我要解释的东西还有很多。"

"那你说，我听你控诉我。"

"这不算控诉吧。我小时候多淘一人啊，愣是让你给归拢成这么一副慢条斯理的样儿，我自己都惊讶得很。"

"那你想赢我什么？"

"就这一次，"乔文韬略有些无奈地，"赌得很小，就在你刚才离开的时候，我就跟自己说赌她会不会回来，为我。"

"所以？"杜容止也是笑着。

"所以我赢了。"乔文韬身体向前倾，勾着嘴。

杜容止不解地道："赢了又如何？"

"你答应我一个愿望。"乔文韬开始耍赖。

"我不——凭什么？"杜容止莫名其妙。

"凭我赢了，答应我一个愿望！"

"我就不！"

"你答应我……"

"就不！"

最后的最后，杜容止实在被乔文韬磨得无可奈何，只好答应了下来。

"说！摘星星什么的我可不会，太高了，我会掉下来的。"

乔文韬转了转眼睛，认真地说："我有一个朋友，我希望她回来。仅此而已。"

杜容止觉得眼睛有些发胀，于是别过了头。

当杜容止再次以一个女汉子的姿态出现在乔文韬面前时，显然是理直气壮了不少。她挺着腰板哼着歌，从容淡雅，气质如菊，然后咧嘴笑道："乔文韬，你怎么啦？"

乔文韬拽着被扯坏松紧带的校服裤子，一脸愤恨："美帝欺压人民！"

"人民可以反抗。"她又轻快又张扬地回道。

乔文韬没说话，只是静静地望着眼前这个嚣张却又美好善良的姑娘，感觉心里似乎又充实了起来。

他长舒口气，他知道，那个杜容止，又回来了。

终于回来了。

他望向窗外，蓝天白云，歌声与微笑，一切都挺好。

幸好他们没错过。

青山不改，绿水长流，至于剩下的事，咱以后再说吧。

狗啊狗，大侠家的狗

竹　子

不速之客被招安

今年今月某天某个清晨，一个不速之客在大侠姐的带领下，风风火火地闯进了大侠的家中。一阵鸡飞狗跳成功地把大侠一家弄醒之后，众人一起围观这个趴在狗窝里的不速之客——八只眼睛像探照灯一样齐刷刷地盯着这个穿着一身黑色紧身皮的家伙。这位不速之客显然没见过什么大场面，登堂入室的事估计也是第一次干，在八道犀利的目光下它不禁微微打战，两撮白毛下面湿漉漉的黑眼睛左瞅瞅右瞧瞧，终于挺不住四方而来的压力，决定坦白从宽，先服罪了再说。

于是，这个家伙说出了闯入大侠家中后的第一句话："嗷呜——呜——"

对这个不学狗叫学狼叫的家伙，火眼金睛的大侠一番观察后，终于对这位不速之客做出了鉴定，鉴定结果如下：

种族：狗。

性别：公。

名字：没有。

年龄：很小。

身高：不高。

体重：不重。

三围：不知，但目测数值相同。

身材：不胖。

眸色：黑色。

发色：一大团黑加两小撮白。

爱好：不明。

听大侠一本正经地陈述完鉴定结果后，除了正为自己擅闯大侠家的行为而反省的小家伙，余下众人齐齐对大侠投以火热的目光。面对来自大家的无比"崇拜"的眼神，大侠很潇洒地表示"不要太迷恋哥，哥真的只是个传说"。

众人齐翻白眼，于是，大侠被嫌弃了，理由是："这么老土的话你还说，咱家的脸都被你丢到北冰洋／太平洋去了。"

至于到底是北冰洋还是太平洋，由于众人意见不一，且实地考察的难度太大，于是本着求同存异的指导思想，众人一致决定，搁置分歧，共同发展。

其实小家伙还是很有责任感的，没有趁着众人讨论的时候逃跑。众人都觉得小家伙认错态度良好，而大侠一家本就是良善之辈，不忍对其实施什么酷刑，所以大家决定实行招安政策。至此，小家伙就算是在大侠的家中正式安家了。

名字很重要

既然成了大侠一家中的一员，没有名字怎么可以？"无名氏"这三个不华丽丽的字是绝对不允许出现在华丽丽的大侠一家的华丽丽的家谱里的。

于是，为小家伙起名成了现在大侠一家的头等大事。对此，大侠一家众口不一，于是开了个首脑会谈讨论此事，来大侠家蹭饭的竹子也有幸参加了会议。

"大奔儿。"大侠姐首先献计。理由是：这名字大气且富贵，还寓意着小黑狗会奔向一个美好的前程。

"一只小狗起个车名，多俗啊。"大侠嗤之以鼻。

"白雪。"大侠爸紧随其后。理由是：这名字很通俗很易懂，还与《丁丁历险记》里那只又聪明又勇敢的狗同名。

"一只黑狗起个'白名'，多不搭啊。"大侠翻了个白眼。

"妞妞。"大侠妈不甘落后。理由是：这名字很亲切很大众，还带着浓浓的乡土气息。

"一只公狗起个女名，多……"

"那你说叫什么？"大侠还没说完，就被众人的怒吼打断了。

"咳咳——"大侠刻意咳嗽两声，摆了摆大侠的架子，成功地把大家（除了某个正专心致志地蹭饭的竹子以外）的目光吸引过来。然后，只见他大手一挥，带着一种席卷山河的气势，伸出食指指向小黑狗，薄唇轻启，不紧不慢地吐出三个字："小黑狗。"然后，再无话语。

众人愣了，大侠笑了，竹子继续吃饭。

"所……所以说，你给小黑狗起的名字就叫小黑狗？"大侠姐带着颤音问道。

"没错！"大侠得意扬扬地看着众人，"正所谓化繁入简、返璞归真，怎么样？大家都倾倒在我华丽丽的才华之下了吧？"

于是，众人悟了；于是，众人怒了。

"玛丽莫。"一旁一直在兢兢业业勤勤恳恳地蹭饭的竹子，终于撂下了筷子，优雅地用纸擦了擦嘴，抬头说道，"我起了个英文名字，玛丽莫。"

因为总是表示反对的大侠引起了众怒，所以大家听完这个英文名字之后一致表决通过。由于小黑狗的中文名字大家争论了半天都没定下来，所以决定先叫英文名字，求同存异的伟大指导方针再次发挥了作用。

大侠妈很开心地开始对玛丽莫讲家规，玛丽莫很无辜很迷茫地承受着大侠妈到处横飞的吐沫星子，大侠爸开始用毯子给玛丽莫盖窝，大侠姐开始出门采购玛丽莫的生活用品，竹子吃饱喝足了于是打道回府。

什么？你说大侠哪儿去了？大侠爸会告诉你："请抬首，向苍茫的天边遥望，那最耀眼的一颗星星就是被大家踢飞的他了。"

什么？看不到星星？大侠妈会告诉你："这很正常，因为现在是白天嘛，这是幼儿园里教的常识啊。"大侠妈顺便鄙视你。

而此时，天边还回荡着大侠的临终遗言："我还会回来的！"

随地小便很不对

继招安成功、起名成功之后，玛丽莫在大侠一家的生活总算是正式展开了。

不过，在大侠妈很开心地喂完玛丽莫之后，在大侠爸很高兴地逗完玛丽莫之后，在大侠姐很愉快地哄完玛丽莫小睡一会儿之后，一个严峻的问题出现了。

刚睡醒的玛丽莫不太稳当地蹦出了窝，用四条小腿蹦跶了几步，蹲下，用前爪擦擦还迷蒙着的黑眼睛，伸出粉色的小舌头舔舔嘴，那小样要多可爱有多可爱。可是，大侠一家却完全没注意到它的萌样，而是死死盯着玛丽莫身后的地板。

地板上，有一摊水渍。经大侠鉴定，此物文明点儿说是狗的排泄物，通俗点儿说是狗的尿液，科学点儿说是由肾脏生成，经输尿管、膀胱排出的含有大量代谢终产物的液体，以上，鉴定完毕。

什么？你问大侠不是被踢飞了吗，怎么又回来了？你没听见他被踢飞的时候说的话吗？要知道，大侠的话从来都是说到做到的，不然怎么叫作大侠呢。

好了，现在让我们把视线转移回到华丽丽的大侠家中华丽丽的地板上的那一摊不华丽丽的狗尿上吧。

　　有着轻微洁癖的大侠妈嘴角在抽搐，最终，大侠爸决定，不惧过程的艰难险阻，一定要让玛丽莫学会在厕所小便。至于大侠的那句"小狗随地小便也很可爱啊"果断被大家无视。奉天承运，大侠爸诏曰，被大侠一家命名为"玛丽莫小便计划"的教育运动，在大侠妈怨念的目光中正式展开了。

　　"玛丽莫小便计划"第一方案：用玛丽莫专属擦尿布把小便擦干净，并把擦尿布扔到厕所，让玛丽莫利用小狗的特长，嗅着自己的尿味走到厕所，从而达到让玛丽莫学会自动上厕所小便的目的。策划者——大侠。

　　可惜，玛丽莫很不给大侠面子，直接把大侠的面子当作擦尿布。完全不管什么尿味的，睡醒了从狗窝里蹦跶出来后就开始在地板上很快乐地小便。擦尿布上的尿味什么的，在玛丽莫的心中，那都是一片片浮云啊浮云。于是，方案一在大侠的垂头丧气中宣告失败。

　　"玛丽莫小便计划"第二方案：每人轮流看管玛丽莫，在玛丽莫蹲在地板上要小便时，值班的人就立刻把玛丽莫抱到厕所，让其在厕所小便。在人工的看管下，循序渐进，从被动到主动，最终达到玛丽莫按照习惯自动去厕所小便的目的。策划者——大侠姐。

　　可惜，玛丽莫很不给大侠姐面子，直接把大侠姐的面子当作狗垫子。一直依赖于人工看管，最终形成了你抱我去我就去，你不抱我去我就懒得去的惰性习惯。于是，方案二在大侠姐的丧气垂头中再次宣告失败。

　　"玛丽莫小便计划"第三方案：每当玛丽莫在地板上小便后，就在旁边按住它，掌控适当力度打它，让其有一定痛感且不致其内伤，并搭配以愤怒严厉的训斥，使得玛丽莫明白随地大小便是不正确的，是会被骂的，是会挨揍的，从而屈服在武力之下，最终达到让玛丽莫学会自动上厕所小便的目的。策划者——大侠爸。

　　可惜，玛丽莫很不给大侠爸面子，直接把大侠爸的面子当作鞋垫子。玛丽莫很坚强地表达了"威武不能屈"的坚定意志，体现了狗格的庄严，纵是你用狼牙虎棒，也不后退一步，坚守着随地小便的立场，不为外物而动摇。于是，方案三在大侠爸的丧气垂头中也宣告失败。

大侠、大侠姐、大侠爸轮番上阵，最后都一一落马，大侠妈斜眼鄙视之。众人不服，一个个都准备看大侠妈的好戏。却只见大侠妈一言不发，出去采买了许多食材，回家开始生火做饭，笑得别有深意。众人皆很疑惑，难道是要对玛丽莫进行美食攻略吗？想搞定玛丽莫的心，就要先搞定玛丽莫的胃？直到最后大侠妈打了一个电话，众人才恍然大悟，原来大侠妈这是要场外求助啊。所谓的美食攻略的对象不是还只能吃狗粮的玛丽莫，而是一直在蹭饭、从未被超越的某棵竹子。

只见竹子很淡定地来到了大侠家中，很淡定地吃完了大侠妈做的饭，很淡定地接受了大侠妈的委托，然后，秉承着把淡定进行到底的风格，把狗窝、狗粮等一切狗用品都一个个很淡定地扔到了厕所里，最后，把最重要的一个——这些用品的主人玛丽莫也扔了进去。再很淡定地洗洗手，很淡定地交代这几天不要让它从厕所里出来，过一阵子再放出来，然后，很淡定地打道回府了。

众人被竹子的举动震惊得无法言语，直感内存不够用，死机了十几秒后，都不禁睁大了眼睛，望着越走越远的竹子，齐齐举起大拇指——牛！

夜半狼嚎很惊悚

如果说，在没有养狗之前，觉得养狗是个很有趣很轻松很有闲情逸致的事情的话，在养狗之后，问题就接踵而来，让你觉得养狗其实是个很麻烦很劳累有的时候还会很惊悚的事情。

比如说，被玛丽莫当成狗骨头咬坏的包让大侠妈惊叫之余心疼不已；比如说，被玛丽莫当成玩具叼走的鞋让大侠爸找了半天才在床底下寻到踪迹；比如说，在竹子来大侠家码字的时候，玛丽莫用嘴叼住电线潇洒地一甩头，就让竹子码了大半天还没来得及保存的字瞬间灰飞烟灭。

终于，太阳公公微笑着向玛丽莫小朋友说了声"再见"后落下地平线，忙碌了一天的大侠一家把闯了一天祸的玛丽莫塞进狗窝，大家如释重负地叹了一口气，各进各屋各爬各床。

然而，正所谓福兮祸所伏，祸兮福所倚，就像平静的海面下总藏有惊涛骇浪，就像开水不响响水不开，就像当你为放假而兴奋时殊不知老师那里有着成堆的作业正静静等待着你。

总之，在一派祥和的表面下，玛丽莫扭了扭头，眨了眨眼，挪了挪小腿，四只爪子着地，一用力站了起来——它醒了。只见我们的玛丽莫小朋友晃晃悠悠地走了几步，抬起小脑袋望着天空中慈祥的月亮阿姨，想着要做个懂礼貌的好孩子，于是很兴奋地向月亮阿姨打起了招呼："嗷呜——呜——呜——"至于为什么是狼嚎不是狗叫，玛丽莫理直气壮地表示，狼嚎多酷啊，相比之下狗叫简直弱爆了有没有？也许是觉得打招呼时只说一句话无法展现它的满腔诚意，于是，半夜三更，一片漆黑的大侠家中响起了绵绵不绝余音绕梁的狼嚎，"嗷呜——呜——呜——，嗷呜——呜——"

大侠一家哭丧着脸、皱着眉头依依不舍地和温暖的被窝上演十八相送，然后出离愤怒的众人决定对扰人清梦的罪魁祸首绳之以法。只见大侠瞪着玛丽莫，额上青筋突起，大手一挥，就把狗粮放在了玛丽莫眼前。

好吧，这大概就是传说中的肉包子打狗了，不过效果还是不错的，至少某位小朋友吃饱喝足后不就乖乖地去睡觉了嘛。

快乐结局要有的

童话的快乐结局总是王子和公主从此幸福地生活在一起，而大侠家和大侠家的狗自然也是要有个快乐结局的，于是，大侠乐颠儿地抱住玛丽莫站在摆出全家福姿势的众人之中，对着镜头，很高兴地大声说着经典台词："从此，我们一家就快乐地生活在一起。"

一切看起来都很好很和谐，只不过，如果能无视掉大侠念完台词后的一声尖叫的话会更好的。

"哎哎！玛丽莫你别咬我啊，我是大侠不是狗粮，快快快，松口松口啊！"

夜空中最亮的那颗星

紫雪微晴

我是秦霁。我以为我会波澜不惊地在剩下的三个月里，不显山水眉目安详地度过我贫瘠的高中生活。可是遇见她，成了我高中生活一抹最耀眼的色彩。

为了避免迟到被老班的唾沫星子淹死，我常常把白色的电动车停在离教学楼最近的停车场，然后和一群像我一样每天背着书包上下学的人挤在窄窄的楼梯口，跨上一级一级的台阶然后各自到达自己的教室，听课，写练习，交作业，机械般地生活。

而初见她，是在学校的停车场。

她一脸羡慕地观察着我的白色电动车，笑吟吟地伸手去摸，还顺势坐在后座上，一脸享受。而她的同伴在一旁打击她："喂喂，快下来吧，你那么庞大的体积会让车胎爆掉的！"

她转过头瞪了她的同伴一眼，随即从后座跳下来，愤愤不平地说："什么呀？你一个体重破百的人还敢嫌弃我？"

我哑然失笑。右手抬起来扶了一下眼镜，慢慢地走到我车的旁边，准备回家。

看到我这个"正牌主人"已经来了，她的同伴意味深长地对她微笑。她不好意思地挠了挠头发，然后利索地开锁，想快点儿离开停车场。不料，她推自行车的动作幅度过大，一不小心把一排的自行车弄倒了。看到此现状，她却傻傻地站在那里，嘴里犯着嘀咕："哎呀，真是太丢脸了！"

看着她窘困的样子，我嘴角不觉得泛起笑意。

许多刚好路过的同学上来帮忙。我想帮忙却发现不用了，于是推着车走了。

冬末春初的季节，有温暖和煦的风，暖洋洋的太阳舒服地晒在身上。

这样舒适的季节用来睡觉是最适合不过的事了，可活在接近高考的黑色日子里，一点点不务正业的想法都应该被鄙视，一点点浪费时间的行为都是可耻的。我强撑着睡意，从桌肚里抽出一叠试卷，挑了还算可以的物理来奋战。做了几道选择题，便没好气地扔下笔。什么安培力什么洛伦兹力搅拌在一起，通通把我的心弄得一团乱，杂乱的思维让我回到混沌的原始社会。

我抬头向窗外望去，夕阳抽出自己最得意的色彩将那一隅天空染得光彩夺目。远处的操场有沸腾的人群，篮球在学弟们的手中灵活地转动着，在热闹的空气中划出优美的弧线。足球在洋溢着青春笑脸的学弟们的脚下欢快地滚动……这才是青春应有的飞扬，而不是将这昂扬激越的青春埋在一张又一张粗糙的试卷里。可是，在强大的现实面前，谁都不能反抗，我也不例外。

我想起安意如在《人生若只如初见》里写过这样一段话："你是否会有些遗憾，像飞雪一样在身体里猝然涌现，倏忽消失。偶尔从梦里醒来，还会因此落泪伤神。"

是的。

这样的遗憾像是萧瑟的秋天一到而叶子逃不出随风飘落的命运，宿命一般注定，无法避免。比如，别人在高中里叱咤风云、光芒万丈、众星捧月般地活着，而我就这样无人问津、平平淡淡、默默无闻走在了高中的尾巴上了；比如在逝去的那么多的白天与黑夜里，假如我稍稍努力一下或许就不会是现在的光景了；又比如，没有寡淡的性格没有漠不关己的神情，我是不是可以遇到可以放在心底或者开心了会找我分享难过了会找我倒苦水的人呢……

遗憾消退如潮水，难以控制。

我以为我的青春会默默无闻地死在这所以极高的升学率著名的学校里。可在剩下的三个月里，我突然天灵盖被人劈了一样大彻大悟，我觉得我要奋斗或者是说垂死挣扎一下，是谁说溺水的人在沉下去之前总会拼命拽住一根救命稻草？至少，我该为自己苍白的青春找点儿特别的色彩，不需要足够耀眼，能温暖自己就好。

浅浅的忧思在我的心中渐渐安静，如黄昏时寂静的山林。

暮色沉下来，丝丝的凉意在空气中不安分地游走。收拾好东西，准备回家。我从三楼慢慢走下来，在拐角处又看见她正从二楼向一楼走过去。高二重点班那个看起来非常壮硕结实的女化学老师站在一楼的台阶上，瘦弱的她勉勉强强地挤过去。那个化学老师半开玩笑很有自知之明地说："我站在这里，就把楼梯给堵了。"我想这位老师真是可爱，竟然不会嫌弃自己。我看见不远处的她也笑了，浅浅的笑容里像是盛满清澈柔和的阳光。我也跟着笑。

这是没有太糟糕的夜晚。静寂的美丽。

很没有志气的目标：年级排名前200名。月考成绩排名却把我放置在一个尴尬的数字上——201名。

"天气冷了又热，热了又冷，毫无章法。站在这寂寥惨白的冬天的尾巴上，蒙着眼看到未来的那些模糊光点。就是这样的世界，我们盲目地向世界的尽头奔去，可是彼岸是不是依旧无法泅渡？"光滑的纸上是我凌乱不堪的言语。纸被我掌心沁出的湿汗揉得干瘪瘪的，然后我把它粗暴地扔进垃圾桶。向窗外望去，浓烈的黑色染黑了整片天空。是不是我想要的光明已经被浓重的黑暗粗野蛮横地代替了？

我闭上眼，又睁开。睁开之后是整个世界无尽的黑暗。原来，停电了。我浸在黑色的溶液里，享受着它带给我的片刻欢愉与轻松。在黑暗里，我摸着每件东西的轮廓。深刻凸出的，明显凹陷的，被清清楚楚地刻下。那消失的光线，带来旋转的黑暗旋涡，蜗居在我那潮湿的洞穴中，不可挣脱。

柔和的月光潺潺流淌，穿过我单薄苍白的青春。耳畔是疏离的笑声，突然想起那眉目间都透着一股浅浅书卷气的女孩儿，眼神里似乎盛满了清澈的潭水，挂着质朴单纯的微笑款款而行。

其实，算起来，和她是有过简单的交集，简短平淡的情节，能够丰盈我贫瘠的生活。

星期三是学校固定的大扫除日，她在认真擦着二楼的栏杆，但一不小心便让抹布掉了下来，很不幸，砸到的人是我。我抬头，她一脸无辜的模样对着楼下的我说："喂，同学，你真倒霉。"说完，便急匆匆地跑下楼来。我捡起抹布递给她，她笑嘻嘻地说："同学，给你今天的行为点个赞！"我看见她转身跑上了楼，直至她的背影消失。内心浅浅的暖意泛起，这样丝毫不做作的简单纯真的女孩儿，应该是很美好。

还有一次，是在操场旁不远处的草地上。我坐在柔软的草地上漫不经心地翻阅一本英语书，不远处是学弟们在酣畅淋漓地拼一场排球。排球在他们的手上飞来飞去，发出沉闷的声响。不料，排球偏离了原来的轨道，径直向不远处草地飞来，滚动到我的脚边。不远处有人喊道："同学，将球扔过来。"然后我就一根筋地将球砸回去，技术不怎么样的我将可怜的球又扔错了轨迹，从她的同伴的眼前飞过，没有砸到人但明显被吓了一跳。坐着的她跳起来，愤愤不平地说："是谁打球技术那么差？"

看这气势我以为她要为自己的闺密抱不平，我正琢磨着要怎么样解释才能清楚明白地表达出我不是故意的，可下一秒她又说了一句让我哭笑不得的话："怎么不把这只猪打成白痴？我真是看错你了！"一脸的幸灾乐祸。

那个被她称为"猪"的人猛地跳起来，气势汹汹、杀气腾腾地说："陈梦夕，你这个没良心的，好歹也安慰一下我那颗受惊吓的心，我要把你杀了曝尸荒野。"见形势不容乐观的她马上跑了起来，草地上是两个互相追逐的欢快身影。

这样无厘头、傻气十足又美好的女生，她的世界应该都被灿烂耀眼的阳光所充盈，所以那么清亮的眼眸都盛满明媚清澈的快乐吧。

放下书本，我把双手枕在后脑勺下然后换着舒服的姿势躺着。深远辽阔的天空上浮着片片清澈的蓝色，像极了我此时干净明了的心境。追逐得很累的她，也和同伴背靠背地坐在草地上，享受着轻浅的微风温柔的抚摸。

柔软的白云过滤掉刺眼的阳光，洒下来是温和的阳光，给人不燥不腻的温暖。草地是新弄的，小草蓬勃地吐露着生机。春初的空气中混合阳光和青草的味道。除了"美好"，再也不需要其他绚烂极致的词语来形容。

"这一刻真美好啊！"她的同伴缓缓开口。

"谁说的，和你混在一起所有的美好都会变得不美好了。"

祸从口出。于是刚消停的两人又开始打闹。

我闭上眼。仿佛要融进草地里，融化在湛蓝的天空下。

其实我是知道她的——高二1班的陈梦夕。

那天我经过光荣榜，看见她和她的同学站在那里。她的同学挽着她的手臂特骄傲又意气飞扬地说："我们家梦夕真的不错，数学又考了年级第一。让男生无地自容到墙角哭去吧！"

"走吧。姑娘我心情好请你吃冰淇淋去！"

"好啊好啊！"

两个雀跃的身影渐渐远去。

我上去观看。她好看的照片下是一排褐红色的介绍：高二1班，陈梦夕，数学年级第一，总分年级第二。

如此优秀的女生，是我无法企及的光。

我也很想成为如此优秀的人。当我冒出这样恬不知耻又不切实际的想法时，心里莫名衍生出沉重的悲伤。在这样一个随时随地都能衍生出巨大的悲伤的世界里应该会有很多的不如意，比如就算努力了也不一定会成功吧。更何况就是这样美丽得可能只有做梦时才会发生的事情，只是我在光天化日下璀璨耀眼的欺骗吧。

我站在光荣榜前很久，直到双脚有点儿酸痛，抬起手揉揉疲惫的眼睛。我想，我还是想努力看看。

校园里的紫荆花又开了。淡淡的紫色花朵藏在肥硕的叶子后面，像个娇羞的小姑娘。明媚的阳光在叶子下投下斑斑点点，跳跃的光点似乎有着年少无忧的欢乐。金黄色的阳光跌进长长的走廊里，又被教室的窗棂切割成规则的形状。教室后面泛黄的墙壁贴满了参考答案，一到下课时就有同学搬着椅子到后面用着极不舒服的姿势不知疲倦抄着参考答案，字迹或工整或潦草，都像极了此刻的青春。

窗外嘹亮的知了声喧哗了张扬明媚的夏天。被风扇吹得猎猎发响的是不安分、数不清的试卷和书页。生活被习题、期望、高考放在高压锅里慢慢熬煮，是受不了压力而沉默地爆发，还是在时间的流逝下发出浓厚香醇的味道？我不知道。依旧日复一日地生活。在忙碌的白天过后的黑夜，在枕着璀璨星河陷入沉睡的黑夜过后的白天，总归有些熬不下去。当心像团燥热的火焰般火烧火燎时，便会跑去光荣榜前站一站，仿佛那里有一股神奇的力量，能安慰我所有的躁动与不安。

最后一次模拟考试排名是134。我为自己暗暗点了个赞。其实内心更多的激动是去告诉如耀眼的星辰般的陈梦夕。可是，我无法去诉说。

明亮热烈的盛夏开始翩跹而来，而高考同样也马不停蹄地到来。

倒计时只剩简单的个位数。从明天开始放复习假。空气中凝滞着浓重的离别和悲壮的气息。

班长站在讲台上，说大家停一停笔，我们再唱一次班歌吧！

《宣言》的旋律开始缓缓升起："嘿/在青春的路/能不能屈服/这之间有太多艰苦噢/嘿/在这段旅途/你会不会服输……"

一曲完毕，空气中还回荡着温柔的音节，伴随着低低的哭泣声。

会温柔地流泪。是因为无法避免的离别和强烈的不舍，还是因为无法面对残酷的高考，更或者是说怎么甘心青春的旅途就这样笼统地结束呢？

现在是像有人将一颗酸得掉牙的话梅放在我的心里，酸涩的汁液一层一层地渗出，直到整颗心都起了褶皱。还有想起那如山茶花般自然干净的女孩儿，是不是以后都不会再见到她纯净的笑颜？

心里燃起一股冲动，我应该用自己的方式和她郑重其事地告别一场。哪怕她不知道在这繁花似锦的校园里曾有一双眼睛追随着她的身影，哪怕她不知道曾有人为了她向着最美好的方向生长，哪怕她不知道有那么一个卑微的人曾把她当作最耀眼的星辰因此封闭了自己内心的黑暗……

我从五楼跑到二楼，整个楼层的人都已散去，一片空荡荡的难过在胸腔里此起彼伏。是不是，连一场郑重其事的告别都不应该去拥有？

我一步步沮丧地走下了楼，在空旷的校园里一步一步地走着。我也应该和这个我生活了三年的校园说一声再见。

我停下了脚步。注视着坐在不远处树荫下的她。光线刚刚好，她处在阳光和阴影的交界处。下颌微微抬起，光洁的脸庞，一半沐浴在阳光下，一半掩在阴影里。随意地翻着腿上的杂志，微微挽起嘴角。我慢慢地走近，她抬头，与我四目相对。她对着我笑，像极一朵白色的花朵。

我现在真的很想为她唱一首歌，想大声地告诉她她是我无边无际的黑暗中最亮的那颗星，告诉她她是我单薄苍白的青春最华丽的注脚！

我报之以微笑，像多年的好友那般亲切自然又默契。

她站了起来，做了一个加油的姿势，并大声地说："学长，高考加油！"

鼓励的话语，像从树叶间渗透的阳光落在阴影处，变成了一个个温暖又明晃晃的光斑，足以温暖我的高中生活。

我又微笑地点点头。

高考加油！我告诉自己。

那年冬天，那个少年

紫颜烟雪

　　一楼到十二楼的距离，我用了整整两个小时来消磨。我推开门走进病房的一刻，安南正站在窗前，我听见了雪的召唤。站在安南的身边，看细雪纷纷，时光安静而美好。有过那么一刻，我有种错觉，所谓幸福，就是你生病了，还有一个人陪你一起生病。

　　我与安南并不相识，安南是我的病友，在我来到这间病房之前，安南就已经在这里了；当我来到这里之后，安南还在这里；也许，当我离开的时候，安南还是会在这里！我早已无法去考量安南在这里住了多久还会住多久。

　　在我的印象里，安南向来都是孤单的，从没有一个人来看过或者陪他！而安南，也总是沉默着，脸色憔悴得可怕，仿佛一出声，就会耗尽他全部的力气。也有时候，瞥见安南一个人嘴角弯弯地笑，也只是痛苦地挣扎。

　　很多的时候，安南只是站在窗前，像一个木偶，怔怔地发呆。而我，也只是怔怔地看着眼前陌生的少年，为他心疼。就像遇见安南的那一刻，我停顿了；听到安南的名字，我安静了；知道了安南的病后，我哭了。

　　后来，我总是在想，命运如此的荒唐，总是在你的不经意间，就安排一个人悄然无声地走进你的生命里，用一秒钟的时间俘虏你。然后，你会花上很长很长的时间或是一辈子，去追寻那个人、那段情谊。

侧过脸看安南，安南的脸上写满惨白、茫然，仿佛就像生活给予他的孤独无依。安南只是一个人，去抗争病魔，去抗争世界。我想唤一声安南，只是，嘴张开的一刻，却失了声音。我只知道安南的名字，知道他是一个病了很久很久惹人心疼的少年。而我对于安南来说，更是只如一张白纸，无论上面画满多少色泽鲜明的风景，他都不愿看一眼。

安南说，冬天，是最纯洁的季节，也是最让人心安的季节。那时候，安南的头上、眉宇，都早已被细细的雪花打上纯洁的印记。安南的小眼睛，也一直望着窗外纷飞的雪花，对这个季节、对雪，安南有一种迷信的执着。也许，在安南的记忆里，有过那么一段深刻的回想。也或者，只是安南一直以来的企盼。

我娇羞地低着头，用手轻轻碰了碰安南的手，"安南，我们一起去玩雪吧？"良久，没听到任何的回答。仰头看安南的那刻，安南还是神情落寞地望着窗外，世界，仿佛只是他和窗外飘飞的雪。我想问安南，既然向往，为什么不追逐？只是，安南用沉默将我的一切问答杀得一败涂地。也许，对于安南，沉默才是最好的陪伴。

那以后，我不再主动地与安南说话，也不再邀约安南做些什么。因为我明白，安南给我的，除了沉默还是沉默。那时候，观摩一个人的生活成了我生活里最大的事。而安南，还是那个主角，演绎着那场无声的电影。

这个冬天，因为有雪的存在，日子飞一般逝去。当冬天的故事要画上句号的时候，安南的生活，我还没来得及一一记录。可我，却已康复如初。我知道，我要离开这里了，要离开那个病了很久很久让人心疼的少年了。可是到现在，安南，你还没有和我说过一句话，你会遗憾吗？生活真的只该如初见吗？

临走的晚上，我翻来覆去地睡不着，在走廊里，我抓住照顾了安南很久很久的白衣天使，我说："姐姐，你说安南的病，会好吗？"她抓住我的手，握紧，才缓缓地说："每一种病都有它结束的时候。"姐姐眼睛里闪烁的神情是我看不懂的，就像安南看我时的一脸漠然和他终日的沉默寡言。

"安南，我走了。"当我走出病房后，又转身推门进来，走去安南的身旁，向着安南告别。安南大着瞳孔、满满疑惑地看我，那神情似乎在告诉我说，我们在一起过吗？我紧闭双唇，垂头丧气地离开，走出门的一刻，又忍不住看了安南一眼，那时候的安南，眸眼深邃地看着我离去的方向。可是安南，你还是一句话都没有对我说。

时隔一年，我的脑海连安南的影子都不复存在了。事实却告诉我，我又要见到安南了。寒假，冬令营的名单上，"安南"两个字像毒药，瞬间蛊惑了我。我一遍又一遍地念着安南的名字，仿佛在时光里，把安南召唤，看看安南如今的模样。

远去的车缓缓地行驶着，夕阳温柔得无可救药。安南坐在我的身旁，与我保持着不远不近的距离，安南还是一句话不说。因为我在安南的记忆里，从来都没有存在过。而安南，曾那么深深地刻在我的脑海里，真实而安然。

我一直看着安南的面无表情，像欣赏一件艺术品般悉心与长久。我说："安南，那年冬天下雪了，今年，还会有吗？"安南转过头，看了我许久，仿佛想到什么，原本冰封的脸瞬间阳春三月，安南激动地说："你是……"我恬然笑了，"我是……"

十一月的时光，从安南开始说话起，就驶向温暖的岁月。安南的脸上多了许多原本属于少年的朝气，小眼睛也投射出希望的光芒。安南说，又到冬季了，我们又遇见了。不同的是，第一次，我们是同病相怜。而现在，我们是同欢相聚。

晨光熹微，当车稳稳地停在叫锦屏的村口前，我唤醒了熟睡的安南。我说："安南，看日出。"安南揉了揉惺忪的睡眼，从我的身前，把头探出窗外，一脸欢欣，"真的是日出。"两个都不曾真正观赏过日出的人，忽然见到这自然的壮观，唯一的言语，只是赞叹。我说："安南，该下车了，我们下去看吧！"安南冲我不好意思地笑了。

冬令营的时光，大抵是为了还我们一个更自然的童年。我们住在古朴而老旧的小屋，走在乡村里覆满尘埃的小路，看那黄昏时分，牛羊归家，倦鸟知还，还有那家家屋顶上的袅袅炊烟。那日，我和安南坐在光秃了叶的梧桐树下，我说："安南，你喜欢这样的生活吗？"安南说："喜欢，但我不想过这样的生活。"

夜半，安南敲我的门，轻轻地说："下雪了。"打开门，夜空黑得一塌糊涂，伸出的手，能清晰地感到雪的凉意和轻盈。安南的脸上充满了欢乐的笑，安南是雪的使者，会把雪来了的消息传给每一个睡梦中的人，让他们同享那一份惊喜与欢乐。我看着一路跑来的安南，静静地说："这个冬天，有你，有我，还有雪。"

那晚，安南牵着我的手，从村头跑到村尾，在一个大大的草垛旁边，我们靠在一起，享受着无风无月、连落雪声音都听得清楚的晚上。安南说，小时候的他，最喜欢雪天了，爸妈会陪安南一起堆雪人、打雪仗。后来，爸妈走了，安南的冬天就只剩下雪和那些与爸妈有关雪的记忆了。

当我们被领队老师找到的时候，阳光刚刚爬上脸庞，我和安南还紧紧地牵着手，像两个雪人依偎在一起。我还记得安南说了，雪，是他冬天唯一的记忆了。所以安南看到雪的时候，会沉默。老师说幸好我们没出什么事情。我和安南会心一笑。但因为我和安南的违纪，我们的冬令营在白雪纷飞的伊始，就提前结束了。

回去的时候，我说："安南，又一个有你、有雪的冬天，我们又要分开了。"安南不说话，回归了原有的沉默。如今，不舍的换作安南了。我看出了安南满是遗憾的表情，我说："安南，我去你那里看看吧，我还不想回家。"安南看我一眼，眼里满是惶恐，这一声"好"似乎是个痛苦的决定，很久很久安南才说出来。

安南带我去了孤儿院，在那里，安南是最大的孩子，每个人都叫安南哥哥，安南也欢心地应着。我说："安南，这些孩子都好可爱，都好可怜，他们的眼神里，都充满着渴望。"安南看了看我，抱起一个小孩儿，对我说："他们充满渴望，他们缺少爱，也渴望有一个平台，但我们只有靠自己。"

我终于明白了，当初在医院的安南为什么只是一个人，也明白了安南为什么执意地不肯与我说一句话。原来我们的生活，天远相隔。

我和安南相识竟有一年了，而一年里，我们见面的次数也不过两次而已。一次开始，一次结局。安南说，感觉好长，又感觉好短，感觉一直都是个奇妙的东西。我说，安南，半年后，我们考到同一所大学好不好？我满以为安南会欢欣地同意，可是他又沉默了，安南，你能告诉我这是默许吗？

努力而有安南的时光，总让人留恋。六月，走出考场的那刻，看到安南正含笑等着我，我也笑了。我说："安南，我们说好的北方。"安南说："有你在的地方，就有我。"那个夏天，我和安南经常去照顾孤儿院的孩子，教他们读书，写字，看那些稚嫩的脸上绽放出花儿般的笑颜，我仿佛看到了我的未来。

又是一年的冬天。天还下着雪，我忽然想到安南，那个和我拿到同一所大学的通知书、说好和我一起上大学的少年，却在那个夏天走了。那时候，我才明白，当初姐姐对我说"每一种病都有它结束的时候"这句话的深意。安南，天堂里也该落着雪吧？

还好有你在

左 海

1

常兮杨，你见过这个世界上最漂亮的日落吗？

2

姜小贝从远处走来的时候，我和罗玘正舔着冰激凌聊校园八卦。

"走吧，电影快开始了。"

"等等。"我拦住准备去买票的姜小贝，"常兮杨还没到。"

姜小贝眉头皱了皱说："怎么哪儿都有他。"

过了三分钟，常兮杨出现在我面前，撑着膝盖气喘吁吁地解释说路上堵车。姜小贝催我快跟上，转身和罗玘去买票和爆米花。

"就说你男朋友不乐意，还硬拉我来送死。"

我拍拍胸脯义正词严："我沈嘉楠不是那种重色轻友的人，比起爱人，朋友的陪伴才更长久。"

常兮杨摆出一脸被感动的模样，我怕他入戏太深挤出几颗泪珠子，赶紧拽他往电影院奔去。

电影很无聊，3D眼镜戴得两眼疲劳胀痛，我歪着脑袋靠上肩头，没确认是姜小贝还是常兮杨就睡了过去。不知过了多久醒过来，影片还在放映，左边两个人不见了。

"他们说太难看出去溜达溜达。"常兮杨猜到我会发问，自觉给出答复。

"怎么不叫上我？"

"你不在睡觉吗？"

"哦。"我没在意，抱起爆米花往嘴里塞，旁边的常兮杨被台词频频击中笑点，我扭头抛去鄙视的目光，他不理我继续乐。

3

回到学校，刚卸下书包喝了口水，数学课代表就来找我讨作业。放假光顾着玩，哪里还记得这茬儿，于是扮楚楚可怜状，望课代表宽限几天。

"这招用过，无效。"

我欲哭无泪。

罗玘那家伙和我同流合污，从来不做作业。姜小贝只做选择题，而且答案纯靠抓阄，绝对不靠谱。只剩下常兮杨能帮忙，可上次笔记都是他帮忙做的，怎么好意思再开口要求别的，我是个有尊严的女生……

我无计可施，脑海里满满当当的，全是数学老师训斥我时狂喷泡沫星子的情景。

"拿去，快抄！"多么美妙动听的声线，对，就是常兮杨没错。这一刻唯有一首歌能表达我的心情："你是电，你是光，你是唯一的神话，我只爱你，you are my super star。"

"别对我摆一副花痴样，姜小贝会杀我灭口的。"

"你放心，我一定会用生命来报答你！"说完不可靠的承诺，我迅速埋下头去奋笔疾书。

晚上睡觉梦到了小时候。那年七岁，搬家后的我第一次见到常兮杨，剃了小光头，穿着裤衩玩水枪，见人就出击，我防不胜防被喷了一身水。平常孩子铁定又哭又闹去找爸妈，我却霸气十足地走上前去一把将他推倒在地，提起脚边的水桶朝他头顶倒了下去，他愣了数秒终于哇哇大哭起来。

从那以后，常兮杨就成了我的小跟班，我说一他不敢说二，我往东他不敢往西。这一晃就是十年，他帮我收拾了无数个烂摊子，帮我写过上百份作业，甚至偷了他老妈的买菜钱给我买五十块钱一个球的冰激凌。

我边吃边说："常兮杨，你不应该对我这么好。"

他问："为什么？"

我抬头想了一下说："因为我迟早要嫁人的。"

4

我能和姜小贝走到一起还有个重要的原因：我们的生日是同一天。

上次生日我和好友吃完饭去唱歌，前台服务员说只剩一个大包间，因为人少不给开。这个时候姜小贝冒出来说"要不咱一起呗，人多热闹"。那时我们同班，但基本无交集。进了包厢我们才得知是同年同月同日生，好感度顿时"噌噌噌"往上飙升了好几十个百分点。

这一次生日是星期四，由于不能随便出校门，导致不能邀太多好友。下午上了两节课，我和罗玘、姜小贝寻了摄像头的死角翻墙出去庆祝，常兮杨是老师眼里的乖乖仔，当然不肯和我们一起，而是谎称胃痛骗了张请假条，从学校大摇大摆地走了出去。

姜小贝选了一家西餐厅，正中央有人在弹一架白色钢琴，他过去和那人耳语了几句，接着生日快乐歌的调子就响了起来。

吃完饭打桌球，一开始我和罗玘还兴致高昂，要姜小贝和常兮杨教，最后却变成了他俩的友谊赛，我和罗玘窝在旁边的沙发上玩对战手机游戏。

唱歌的时候，我中途去了洗手间，回来时正要推门，听见包厢里播着五月天的《终结孤单》，可却放着原声没人唱。接着是一个特别微妙的女声："这是秘密，一定不可以告诉其他人。"

推门进去，正疑惑着，姜小贝把手机扔给我，屏幕上有条短信，原来是班里的"内应"说值周老师查了人，已经帮我们谎称在上厕所，要快点儿赶回去。

下了车，我们往墙角跑去，姜小贝第一个翻了过去，然后是罗玘和我，最后是常兮杨。他没经验，直接摔了下来，疼得惨叫。

我正想关心他一下，但又感觉哪里不对，"你不是可以从大门进来吗？"

"啊……我忘了。"

"活该摔下来。"

5

校运会在即，又到了一年一度的男生表现日。姜小贝报了接力赛，自荐跑最后一棒。他从小学起就没跑输过，不论前面的队友落后其他班多少米，他都能在最后一棒追上并超越。这一次他也是信心满满，说只要我为他加油呐喊，在终点处迎接他的拥抱就好。

校运会当天，我和罗玘在看台上嗑瓜子晒太阳，有班里同学比赛，就跑到护栏边喊几句。等到通知里念到接力赛即将开始的消息，我立马拉着罗玘朝跑道飞奔而去。

枪声打响，第一棒开跑，每个人都实力相当，基本持平。第二棒稍微拉远了距离。第三棒开跑的时候，班里同学喘着粗气跑过来告诉我说，常兮杨三级跳远脚扭伤站不起来了。我这才想起上次他翻墙时摔伤了脚，可能还没痊愈。

我把给姜小贝准备的饮料塞给罗玙，说："亲爱的，我家贝哥就交给你了，常兮杨受了伤，我必须赶过去看一下。"

"呃……"没等罗玙反应过来，我已经跑出很远。

把常兮杨安顿在医务室之后，我接到了罗玙的电话。

"嘉楠，姜小贝没有接最后一棒，我们班接力赛没分了。"

我急了，"他小子有病吗，为什么没接？"

"因为……"那边顿了顿，"你没在啊。"

整整一天，姜小贝都没搭理我。晚上放学，我见他提着书包走出教室，赶紧收拾背包追了上去。校车上，我坐他旁边，他不说话。他到站下了车，我跟下去叫住他。

"姜小贝，今天的事对不起，常兮杨受了伤，我不能不去呀。"

姜小贝转过身，冷笑道："呵呵，又是常兮杨，他比我重要就对了。"

"你别这么小孩子气。"

"小孩子气？谁能忍受自己在乎的人心里搁着另外一个人。"

他转身走掉，我站在原地不知如何是好。

6

常兮杨得知我为了去看他而错过了姜小贝的接力赛，劈头盖脸就给我骂了一顿。

"谁不想自己在乎的人为自己加油助威，他想要和你分享他的胜利啊，你怎么这么笨？"

我缩在椅子上把盘子里的葡萄一颗颗塞进嘴巴，"你就别担心了，他不会杀了你的。"

"我担心的是你呀，蠢货。"

"骂谁呢！"我抓起一颗葡萄砸到常兮杨脸上，"这都不是事儿，过几天就好了，放心吧你。"

我之所以这样讲，并不是自我安慰，而是我对和姜小贝和好这件事胸有成竹。趁着放假，我先是打电话给他老爸，得知他出去和朋友打篮球，晚一点儿回家。然后买了他平日里最爱吃的零食，准备躲在他回家的必经路口，等他过来。

快走到路口的时候，我看到了姜小贝，他并没有去打篮球，而是坐在一棵香樟树前的台阶上发呆。我偷笑，打算绕到他身后给他个惊喜。

就在我迈出第一步的时候，姜小贝眼睛望向前方站了起来，他拍拍裤子后面的尘土，笑着说："你来啦。"

走到他面前的女孩儿微微仰头看着他，光线从头顶的叶缝里倾泻下来，映在女孩儿脸上，像是漂亮的雀斑。

是罗玏。

我没有走过去，那么美好的画面，我怎么舍得破坏。

电影院的消失，KTV那个我辨别不出的女声，我终于知道是怎么一回事。罗玏，我亲爱的姑娘，你该告诉我的，我的确霸道不讲理，可是，只要你告诉我，我说不定会心甘情愿地放手。但你为什么要瞒着我，喜欢一个人，怎么可以是一件偷偷摸摸的事情？

7

我不想当那种失恋后哭得死去活来，装忧郁伤感折磨自己的女生。我依旧喜欢吃五十块一个球的冰激凌，拜托常兮杨帮忙做课堂笔记，在课代表讨作业的时候卖个萌求饶。生活该是什么样子还是什么样子。

常兮杨只要一瞅到我发呆愣神，就会拍拍我，小心翼翼地问一句："你没事吧？"其实他并不知道，我只不过是在想一句歌词，考虑晚餐吃什么好，或是想要不要买下上礼拜看上的那条特别好看又特别贵的裙子。

有一天，读到一篇小说，讲的是一个男孩儿为一个女孩儿寻找这个世界上最漂亮的日落的故事。我写了张纸条递给常兮杨，问他有没有见过这个世界上最漂亮的日落。他直到下课也没回我。

那天下午放学吃完饭，常兮杨拉我到体育场看台。

"常兮杨，你不一直都是乖乖仔吗？你看，快上晚自习了，我们走吧。"我按亮手机屏幕给他看时间。

他没看我，说："再等等。"

几分钟后，他抬头看着天对我说："沈嘉楠，你看，太阳开始下山了。"

不知道为什么，我只看了一眼，泪水就哗啦啦溢了出来。

那个关于日落的故事里，男孩儿并没有为心爱的女孩儿找到这个世界上最漂亮的日落，他很沮丧，女孩儿却牵着他的手说："你傻呀，只要是和你一起看的日落，那就一定是最漂亮的。"

我曾经以为这个陪我看日落的人是姜小贝，却没想到会是常兮杨。

8

进入高三后，我因为学习成绩不佳，选择了做艺术生，有半年的时间要去另一个城市上专业课。在我出发的前一天，我把常兮杨叫到面前，告诉他要好好学习。我说你成绩那么好又长得好看，要不是我每天跟你走在一起，早就有女生发起攻势了。

冬天特别冷，我要起很早去排队报名考试。有次排队，连续打了好几个喷嚏，我摸出手机按出常兮杨的号码，准备要他给我送一份热豆浆过来。按了拨通键后我才想起我们并不在同一个城市，刚想挂断，电话通了。

"啥事？"

"你现在应该在上课才对呀。"

"没事，我说要上厕所，出来了。"

我笑笑，"常兮杨，你学坏了。"

"没你坏。"

我假装生气，"我怎么坏了？"

"呃……这个，"他思考了一下说，"反正就是特别坏。"

和我一起学专业课的人中有同校的，她说常兮杨和她们班一个女生走得很近，我说真好，然后埋头去练习吐字发音。这么多年过去了，他身边的女生永远只有我一个，如今有另外一个女生出现，这就好像是我收藏了多年的宝贝突然要转手送人一样，我舍不得。

我才知道，在我的心里，常兮杨占据了如此重要的位置。现在，那个位置突然空了，整颗心都缺了一个角。

9

我艺考分数不错，高考三百多分就能上一本，常兮杨发挥失常，但读个好一点儿的二本绰绰有余。我挖苦他努力那么久，还是败在我的手下。他不以为然，说以后谁混得好还不一定。

我们虽然同在一个城市上大学，但一个城南，一个城北，要聚起来太费时费力，我恰恰又懒，一放假就窝在床上睡到下午。常兮杨崇尚健康的生活方式，三番五次不厌其烦地搭公车到我学校来，拉我出去散步。每次睡得正香，总能听到室友带来的晴天霹雳："沈嘉楠，常兮杨在楼下等你，你再不动身他就冲上来了。"

大学第一年我交了个男朋友，慢慢地，我发现他身上有太多姜小贝的影子，于是果断分手。常兮杨单身，他说要好好学习，我笑他上了大学都不好好放松自己，他说他一定要比我混得好，要不然太没面子。

常兮杨生日那天，我被辅导员扣下，即将到来的圣诞晚会我是主持人之一，要排练几遍熟悉流程。结束之后，已经是晚上九点半，我走出教学楼才发现外面在下雪，嘴巴里吐出的全是一团团白气。往寝室走的路上，我摸出手机准备给常兮杨打个电话，刚翻到通讯录，屏幕转到来电显示，想不到被他抢先一步。

"沈嘉楠，我喜欢你。"

我把刚到嘴边的"生日快乐"咽了回去。

我听到电话那边有起哄的声音，笑着说："在玩大冒险呀。"

他错愕："你怎么知道？"

我突然记起曾经看过的一个小故事。在那个故事里，同样的情况下，男生说："不，这次不是大冒险，我选的是真心话。"常兮杨，我多希望你也会选真心话。

那边的起哄声还在继续，我能想象那个场景有多热闹。常兮杨把手机拿远，叫他那帮朋友安静一点儿。我走在校道上，雪一片片落在帽子和衣服上，耳朵边那只握着手机的手冻得冰凉。

过了好一会儿，那边的喧闹声渐渐变小，我猜常兮杨应该是走到了室外，因为我听到他有点儿颤抖的呼吸声。他顿了顿，大概是和我一样，刚发现外面在下雪吧。

然后，他的声音又一次在我耳边响起来："他们真损，大冒险的内容是看我敢不敢说出真心话。"

失魂记

　　时至今日，我仍旧觉得当时那个暂时失去记忆的"大爷"是最让我不知所措的。平日里，他骂我不上进，我便默默地听着；他说我贪玩，我顶嘴两句便同他大吵一顿；他偶尔嘘寒问暖，却始终脱离不了嘴笨，来来去去都是那么几句，我的回答也有些公式化。无论他怎么样，他都是那个让我熟悉又知道如何应对的父亲。

我们相逢只在这一生

bottle

　　我很少在天光大亮的时候写字，外面有叫卖沙贝的声音，一声一声地远了，然后似乎又近了，最后消失。

　　我现在在她的房间里，思绪有点儿混乱，打开始想写她的时候就不知道如何下手。她现在已经坐上离家的车一个人在路上，她一直想出去不愿待在家里面，从十一二岁开始便想着要出去打工赚钱。在她看来，钱远远要比读书更让她喜欢，但是她的成绩依旧很不错，保持在班级前五。现在她十五岁了，十五岁时的我还未学会一个人搭车远行，十五岁的我还是青涩内向的孩子，然而现在的她已经离家一个人走了，带着她的嚣张、任性和假装的成熟。

　　以前我常常吐槽那些电视剧里的情节，一方为另一方做了很多事情却不告诉他，最后总是会引发一些误会。今天早上我体会了那种感觉，我发现并非是自己想说就可以说出口的。为了不让她赶不上车，我煮好了粥之后提前打开了锅，想让粥早点儿凉，结果米粒都还是硬的，吃着很硌牙。她就在那儿艰难地吃着，吃了一半问我说："可不可以不吃？真的很难吃。"我瞪了她一眼，怕她在车上晕车，硬要她吃下去，结果她只能硬着头皮吃完了，碗底一空她好像得到解放一样捧着碗跑到厨房把碗洗了。

　　看她这样我恨不得一巴掌拍死她，因为一点儿都不懂我为她好的心，几次想要开口告诉她缘由，却发现无论如何也开不了口，要误会就误会吧。其实也无所谓。有些话并非是我们想说就可以说出口的，有些好意也只能送出去，解释不了，然后让解释烂在心里，最后忘记。

她坐在院子里我坐在客厅里，她在等车我看着她的背影，一会儿之后走进来紧张地笑着说车是不是不来了，我没有回答她，不想说话，车迟到几分钟是正常的事，但是她还不知道。她总以为她已经长大了成熟了，可事实上她还是一个小孩子。她总以为很多事情她都懂了，很多危险她都认得，可事实上她知道的东西很少，看到的世界很狭隘，她在假装着长大。她的衣着打扮都和高中时的我甚至是现在的我差不多，有时候是更成熟，但仍遮不住她幼稚和年少的气息，还是那样任性天真的傻瓜。

可是她的确比当年的我也比现在的我来得活泼来得孝顺。

我几乎没有叛逆期，或者说是有的，但是叛逆得很缓和很漫长。从初中到现在，有些事情依旧是在和妈妈对抗着但是并不激烈。而她的叛逆是嚣张肆意的，小学四年级便开始和妈妈吵架，被妈妈打了哭，躲在墙角别人一碰就发抖，饭也不吃整个人都如同带着危险气息的受伤幼兽。妈妈拗不过她只能在吃饭的时间出去，然后让我叫她去吃饭，这样的行为我在家的几年看过很多次。我常对别人说，如果家人搞冷战，第一个战败的人是爸爸，第二个是我，第三个是妈妈，而她无往不胜。她整个人都是强硬激烈的。

她的嘴唇很薄，我们这边的人都说嘴唇薄的人很会说话。而她正是印证了这句话，一张利嘴让她在亲戚好友中备受关爱。妈妈常说："我不担心她，她比较机灵会讲话，就算书读不好以后也不愁没出路。但是你不一样，你比较老实，一根筋，不会转弯，除了读书你没有出路。"这句话她念叨了很多年。

那天她对我说，班里的人问她画画怎么会那么好看，是向谁学的。她回答说，是因为我初中那会儿喜欢画画所以她也去学画画了。那时候她正读小学，所以她画了很多年，而我高中后就很少再画，现在回家后看着她贴在她房间的画，我都恍然，这是她画的吗？我记得她画得没这么好看。我同学来家里，看到还以为是我画的。我喜欢的很多东西她都喜欢，她跟在我后面按着我以前走过的路重新再走一遍。开学她就是初三，我的高中是在一中，所以她也一定会踏着我的步伐去前行，甚至更好。

她最大的愿望就是可以把我嫁出去，她说如果我不会赚钱的话她会好好赚钱养爸爸妈妈和我，她常说"你快点儿找个男朋友啊"。她对我好，会把东西留给我吃，但我向来没心没肺总是在吃完后忘记，然后我们再吵架；她对我好，会在我痛经的时候出去买红糖泡水端到床前来给我喝；她对我好，只是四五年来我都不让她叫我姐，她也很多年没有叫过了。龙应台在《目送》里写道：所谓父女母子一场，只不过意味着，你和他的缘分就是今生今世不断地在目送他的背影渐行渐远。

而我们的姐妹情分，大概也只是相逢在今生。来生便是路人，相逢不相识。我从未表达我爱她，但我知道，我是爱她的。现在她还在路上吧，还是已经到了？她的一趟出行，让我回忆了我们的小小半生，从她出生的那刻起，她便与我相逢、相识并且纠缠一生。

飞鸟不会忘记

阿　狸

今天饭桌上像往常一样只有我和你相视对坐，我和你边吃边看电视里演的苦情大剧。我们都不怎么说话，因为读哪所高中的问题我和你发生了争执，你的表情总是有些沉重。当戏演到情深处时，你突然转过头来望着我，带着无尽的歉意与内疚问我："这些年来，你恨不恨我？"

我有点儿惊讶，你怎么会突然提起这个问题？我不知道该说什么，电视里放出凄凉动人的背景音乐，男女主角终究没有在一起。我的嘴角扯出一丝微笑，"妈，电视里的苦情大剧演完了，接下来要放新剧了。"

你微微怔住，点了点头。你真的老了，我再看不到当年你和那个女人撕扯时的凶狠和带我出走时的坚定，看到的只是一个中年母亲包也包不住的温柔与慈祥。其实那时候我的回答应该是：我怎么会怪你！

吃完饭，你有事出去了。我把碗碟都洗干净后，坐在床上回忆那些断断续续、已被岁月洗刷得模糊不清的往事。过去了那么久，我唯一记得的就是当时你和那个女人撕扯的场景，以及你头也不回地带我出走时无畏的神情。

你带我回了外婆家，我和你睡在一张窄窄的床上，你哄我入睡后，眼眶里再也装不下那么多的坚强与委屈，两行泪从你年轻的脸庞上滑落，带走了你对婚姻的最后一点儿希望。这些你都没有告诉我，是外婆告诉我的。她想让我明白你的苦，风轻轻地扰乱了外婆的银丝，她颤巍巍的手拍打着我的背，"长大了你得好好保护你妈，好好孝敬你妈啊！"

后来我上了小学，那年头人贩子很猖獗，虽然我们那一带治安很好，但你还是放心不下，早接晚送。四年级那年我很不乐意你来接送我了，同学们总是笑我长不大，还要妈妈接送。我为了这件事和你生闷气，一连几天不理你，你变着花样逗我开心，但我还是觉得不解气。有一天放学，你依然在校门口等我，不同的是你给我买了超人的光盘，那时超人对我的吸引力很大，我拍拍屁股一溜烟就坐到了你的摩托车上，你笑着摇摇头，对我说："回家咯。"

六年级，你对我说："好好考，妈希望你考上重点中学。"我知道这不容易，但并不代表没有希望。我玩电脑的时间越来越少，桌子上摆满了各类复习资料。

期中考公布成绩了，我信心满满这次一定会考个好分数，但现实是个不讲交情的孩子，看到成绩的那一瞬间，我眼眶里噙满了泪花。我藏着掖着，不让你看到成绩单。你也没问起过，直到那天你在厨房做饭，我听到你轻轻的一声叹息。

起色不大的成绩不能打败我，我不喊累，不喊苦，因为我是你的盼头，是你这辈子的希望。一年后，当邮递员扯着嗓子喊你出来拿录取通知书时，你高兴得手舞足蹈，逢人就说你儿子可棒啦，还不忘拿通知书出来炫耀。那天晚上你给我做了好多好吃的，你一个劲儿给我夹菜，自己却什么都没吃。你说："我不饿，你吃。"

学校离家里比较远，我不能不住宿，一周只能回家一次。刚开始我很不习惯，虽然我早已学会了洗衣服，洗餐具，但我不习惯的是没有你在身边的日子。开学几周，星期二、星期四的晚上你都会骑上半小时的摩托来学校，你站在宿舍楼下的桂花树旁，我问你怎么不上宿舍找我，你说我小学四年级的时候就已经不喜欢我的同学见到你，所以没上去。我心里有一点儿难过，我那时候的小脾气，你到现在还记得。然后你恢复了以往的唠叨：饭有没有吃饱？衣服有没有洗干净？和新同学相处得怎么样？课程难不难？我耐着性子慢慢地回答你，因为我不想你为我牵挂。宿舍管理员喊我赶紧回自己的宿舍，你才骑着摩托车缓缓地离去。我一直站在树下，听着你离开的声音由近渐远，由清晰变得再也听不到。每次你来的晚上，我总能睡得安稳。

转眼就初三了，一次偶然的机会，我加入了学校的文学社，同我一并进来的还有同年级的她。社长把我和她分配到编辑部，负责打字排版。文学社有自己的办公室，我和她常常放学后留在办公室里忙到最后。我负责打字，她负责校对，我不再称呼她同学，而是叫她小乐，我们的关系开始变得微妙起来。我记住了她喜欢穿白色的麻裙，喜欢喝奶茶，每天放学后我都会在办公室里冲好奶茶等着她来，这一切让我觉得妙不可言。

星期五晚上，我和她在学校的林荫小道散步，月亮的光辉洒满了校园，我想就这样牵着她的手走下去该多好。突然，一个熟悉的身影向我们走来，我一下子就认出那是你！我马上放开小乐的手，假装冷静让她先走。你站在赤裸的月光下，我站在浓密的树荫里，第一次我觉得我们的距离好远。你应该想不到努力学习的乖儿子竟然也早恋，你拉住我的手奔向车棚，载我回家。你从没有开过这么快，因为你说这不安全。原谅风不听话，在我耳边泄露了你此刻的心情。

回到家后，我不敢出声，家里的气氛变得从没有过的严肃，紧张得我快透不过气来。你从房间里出来，坐在我旁边。小时候做错事，你从不打我骂我，而这次我真不知道巴掌和骂声哪一个会先来。你终于开口了，用平静的语气问我她叫什么名字。然后，你把级里的排名表递给我，用红笔轻轻地画出我和她的排名，她名列前茅，我却在一百名徘徊。你握着我的手，像没事发生一样地对我说："这就是你们的距离，我家儿子怎么可以输给她？你得好好努力，才能配得上她。"我怔住了，随后狠狠地点了点头，眼泪不争气地掉下来。

　　我对小乐说："你等等，等我和你一样优秀了，我们考同一所大学，再好好在一起。"她轻轻地点点头。我仿佛获得了巨大的动力，那一刻兴奋无比。我真的有好好努力，可当中考告捷，小乐却只留下一句话就走了，她说她要去另一个城市。年轻的承诺随风散去。

　　看着桌上摆着的几所中学的录取通知书，最终我选择了Z中。你曾说，那所学校你从小就很向往，却因家里没钱不得不止步初三。你说的时候眼里满是藏不住的失落。我想任性一次，去完成你未完成的心愿。我打开房门，告诉你我的决定，你一脸惊讶。我走近你，第一次主动地拉起你的手，就像小时候你握着我的手一样……

失 魂 记

我爸的记性一向不是很好，他总记不住我朋友的名字，人家明明叫"王宇虹"，他非说人家是"王红雨"。

祸不单行，我七岁那年，他出车祸脑震荡了。这下可好，脑子估计更加记不住事情。

那天我刚放学回到家，我爸就风风火火地进了门，他的裤子磨破了，白衬衫上沾了点儿血，样子十分狼狈。

我知道肯定发生了什么不好的事情，就低声喊了一句："爸。"他倒好，没给我一个正眼，自顾自地到厅里的沙发上一坐，双手摆在膝盖上，挺直腰背，端正地坐着。

我妈随后也跟着进了门。她拉过我悄悄地说："你爸出车祸了，医生说他脑震荡，会有短暂性失忆。他现在不记得你是因为受伤，不是故意的，他连妈妈都不记得了，你要乖。"

就在这时，我和我妈的谈话被一阵呵斥给打断了："你说这是我家，我怎么不知道？这里才不是我家，你骗我来这里有什么目的？你说，你给我好好说，给我一五一十说清楚！"

好家伙！

那咄咄逼人的架势，跟领兵打仗横扫千军的大将一般！如果不知道我还以为这家伙是为民请命的警察叔叔呢！

我妈倒是镇定得很，没管那兀自发火的"大爷"，又和我咬耳朵："医生没允许出院的，是你爸非要回来，帮妈妈劝爸爸回医院好不好？"

劝？我怎么劝？我不会啊！我就只是想，我爸不记得我了，这可怎么办？我才七岁啊，我爸就以后都不记得我了，这可怎么办啊？

我心里慌得不行了，就只能哭。说哭咱就哭，我张开嘴巴哇哇地哭。

我妈这下才吓到了——家里一下子出了两个没法控制情绪的人，能不被吓到吗？

渐渐地，我越哭越大声，就在我要扯开嗓子哭的时候，沙发上的"大爷"居然发话了："阿希，你哭什么啊？"语气是温柔的，温柔得像是春游的时候迎面吹来的风。

咦，这位号称脑子受伤在未经医生同意的情况下私自逃出医院的"大爷"居然认得我！我赶紧收一收眼泪，满口哭腔地说："你……你……你记得我？"

"你说什么呢，我怎么可能不记得你。"语气是有些责怪的，倒没有生气，比起刚才质问我妈来，算是可爱可亲了。

虽然这位"大爷"刚刚才喊过我，但是我生性谨慎，是一定要确定一下他是不是真的记得我的："那我是谁？"

"阿希你是不是傻掉了？你是我女儿啊！"这敢情好啊，他是真的认得我！

我激动得上前去抱住我爸："爸——你真的没有忘记我！"

时至今日，我仍旧觉得当时那个暂时失去记忆的"大爷"是最让我不知所措的。平日里，他骂我不上进，我便默默地听着；他说我贪玩，我顶两句嘴便同他大吵一顿；他偶尔嘘寒问暖，却始终脱离不了嘴笨，来来去去都是那么几句，我的回答也有些公式化。无论他怎么样，他都是那个让我熟悉又知道如何应对的父亲。

过了这么久，我已经记不清那天的我到底是长发还是短发，我家当时的沙发是实木的还是皮质的，只记得我爸一反常态，左手牵起我的手，右手摸着我头顶，细声细气地说："我当然记得你啊，就算我忘了全世界，我还是会记得你的啊。"

我会陪你走到老

安 在

又是一个星期五下午，上完最后两节课，又要回家了。周末对于我来说除了能够暂时舒缓学习压力，并没对回家有过多的兴奋。

乘坐最后一班公交车，原本不大的车厢里塞得满满的都是人。

难得周末学生的客流量大，司机一看见站牌下有人挥手，笑起来露出的牙齿比标准笑容还要多上两颗，也不管车子是否已经超员，凡见着人就往上塞。

所以当公交车以乌龟的速度缓慢且沉重地向家的方向驶去时，我嘴里还要不停地念叨着：不要爆胎，不要爆胎……

忽然想起那句非常抒情的广告："不错过回家的末班车，同时心情享受德芙带来的每一次丝滑。"在现在看来，那全是骗人的。

你能挤得上车就已经很不错了，还享受！

经过一番煎熬，终于回到家。你上班还没回来，哥在电脑前专注地打游戏。

听到我的脚步声，他从房里探出头来，问了一句："安在回来了呀？"

我淡淡地"嗯"了一声。得到我的回答，他转头回去又继续打他的游戏。

我放下书包，走到厨房，看到饭桌上不知谁早就做好的晚饭，已经全都凉了。

这时哥朝我说："晚饭是妈中午上班前做的，你要饿的话就自己热一下。"

妈中午上班前做的？那你干吗去了？我很想这样朝他吼一句，但最后还是什么也没说。

强压下内心燃起的怒火，表面平静地把饭桌上的菜热了一遍。

当我把最后一道菜热完，你刚好回来。这时哥也非常准时地从房里出来，洗手坐到饭桌前。

你不停地跟我问寒问暖，我一边回答着一边给你舀了碗饭。然后坐下来，面对着在一旁大口大口扒饭的哥哥，我很没胃口地解决了这顿晚餐。

8点，你去洗了澡，说今晚12点还要去工厂上夜班，要早点儿睡。

望着你转身走进房，微驼的背影离开了我的视线。我沉默着走进厨房，从水壶倒了一盆子热水，再熟络地切几块姜片浸泡在水里。

把它端到床头，我轻声地对你说，泡会儿脚再睡。这是我每个星期回来都必须做的一件事。

虽然你仍是扭捏地觉得不好意思，但始终拿我没辙，只好小心翼翼地把脚浸入水中。

我也把手浸入水中，轻轻地帮你揉按着。

外面天色阴暗，我的心情跟它一样阴沉复杂。

手指触摸到你脚底结起的那一层厚厚的茧，我感到胸口处一阵阵酸涩慢慢地散漫开来。

这是一双非常丑陋的脚，完全没有普通女人的那种柔软和美好。

五年前的一场车祸加上现在不分日夜站立的工作，使你脚上的旧患新伤越来越加剧。脚的两边有新生的骨头凸出来，疼痛每时每刻缠绕着你。医生说这是骨质增生。

可是，我们一直没钱让你治。

我该说什么？还该做什么？怎么样才能减轻你现在的负担和痛苦。除了帮你泡脚，我还能做什么？

妈妈，我好没用，好心疼……

"这几天都下雨，要是晚上比较疼的话，就让哥用姜水帮你泡一下。这样会好睡一点儿。"我细声叮嘱一句。

"唉，除了你懂事一点儿，谁还会这样体贴我。"

你重重地叹了一口气，我抬头看见你逐渐黯淡的目光，眼神氤氲着说不尽的无奈与忧伤。

我知道，最近家里接连发生的事情，都如猛浪不断冲击着你。你早就疲惫不堪。

姐姐老是嫌弃家里穷，现在跟男人走了，你用多少眼泪也挽留不住；哥哥一直留在家里什么也不干，也不肯找工作，像个废人那样；前几天爸爸把你全部积蓄四千多块输得一干二净……

麻木地承受命运的折磨，连你自己也不知道自己还能支撑多久。

在我们家里没有亲情，因为他们全是冷血的。

一直以来我都觉得你很笨，没知识，没文化。在工厂里还经常因为最简单的数据都不会算而被别人排挤，被人骂。受别人欺负时又不懂得去保护自己。

你真的很笨，而我又是多么痛恨那些看不起你的人。

我觉得爸是幸运的，才会娶到你这么一个女人。也许当年是你看走了眼，才会选上这个赌鬼老公，但最后也是只有你才死心塌地与他一起生活几十年。

你这笨女人，却伟大地支撑起这个破烂的家，拉扯我们长大。如果有上辈子，你应该是个十恶不赦的罪人，今生命运才会让你以这样的方式来赎罪。

最近望着你走路的背影，忽然在你身上看到老人的影子。

到底是自己的错觉，还是不知不觉中你早就老去？

记得曾有一次你问我："我这么一双没用的脚，要到老了，瘫了，走不动了，你会养我吗？"

你用询问的语气，却是用乞求的眼神看着我。

那时我心里真的被狠狠地刺痛了。我知道，子女是父母最后的寄托。而在这个家里，你的希望似乎只能寄托在我身上。

那时我多么想给你承诺，承诺让你放心地老去，黄昏的路有我背着你走。

但最终我还是没有开口，只是让这个信念如种子般深深扎根在心底，渐渐发芽。

笨小孩儿的初中生活

笨小孩

1

初一上学期结束，我排在班上第三十七名。全班共有七十六人。其实也不算太差。但是和期中相比退步了十六个名次。领回成绩单，回到家我不敢吃零食更不敢碰电脑，老老实实地从书包里拿出寒假作业。虽然上面的题目大部分我都不会做，只是胡乱地在空格处填满数字。

妈妈看我一言不发，就知道我又没考好。"你还晓得写作业啊！肯定又没考好吧！"她的话像尖针一样密密匝匝地扎进我的内心深处，泪水不听话地大滴大滴砸在作业本上。"你还好意思哭，平时要你好好读书就像要你的命一样……"其实妈妈特别温柔，但是只要涉及我的成绩她就会捶胸顿足，像只发怒的狮子。

快过年了，比我大三岁的方路表哥也回老家了。他学习好，独立自主，谁都喜欢他。我也喜欢他，不过那是从前。因为表哥他看不起我。

六年级暑假，姨妈带我和表哥去肯德基，就因为我比他多吃了一块鸡翅，他递来不带感情的冷冷目光，"我吃东西是教育投资，可是你呢？"姨妈恶狠狠地瞪了他一眼，赶紧安慰我。可我还是感觉心里难过得翻江倒海。

我真的不想去外婆家看表哥，便苦苦哀求妈妈："我不去行吗？"妈妈摇头，"姨妈表哥一年才回来两次，你不想他们吗？寒假作业上不会的题目正好可以问问你表哥。"

我坚持不去外婆家，脱掉鞋子，钻进被窝，大声说："好困，我不想去！"

"你今天是怎么了，欠揍是吧！"爸爸走进房间大声嚷嚷。

"我就是不想去！"我也不甘示弱。

"考得这么差你还好意思胡闹？"妈妈说话总是一针见血。

我掀开被子，对着爸妈撕心裂肺地咆哮："我要是去的话，你们肯定又要当着那么多亲戚的面数落我，说我成绩差，大家都夸方路成绩好，一看见我就摇头。方路成绩好，你们怎么不生个和他一样好的小孩儿？"我的眼泪涌出眼眶，我实在是受不了了。

爸妈愣住了，没再吱声。爸爸小声说："婉玉，对不起！我和你妈保证不骂你了，行吗？"

我还是不情不愿地去了外婆家。那天大家就像提前商量好了一样，对我和表哥的成绩不加评论。那年的寒假，我过得很轻松。

方路回厦门前送给我一本粉嫩的日记本。其实那本日记本我早就看见了，很想要却不好意思开口。"都没听见你叫我一声表哥，唉！"表哥长叹一口气，露出不满的表情。我大嘴一咧，"谢谢表哥，你真好！"

2

2月初，妈妈突然问我想不想出国，去加拿大读书。我兴奋地点头。我当然想了，说不定像我这样的学生更适合国外的教育体制。其实，现在想想那时的我实在是太傻太天真。如果不努力，我就是去"哈佛附属中学"也读不好书。

"等把护照办好，再去上海签证，一切顺利就可以出国了，到那时……"妈妈已经在幻想着未来的美妙生活了。

我问妈妈："那我爸呢？他一起去吗？"

"你爸以后再去。"

我有点儿失望了，甚至是难过。爸爸一个人在家我实在不放心。他一大粗人，吃不饱睡不暖。以前妈妈不在家的时候，我和爸爸白天在学校食堂吃饭，晚上爸爸用电饭煲煮饭，再蒸一碗鸡蛋羹。这就是我们的晚餐。爸爸的厨艺，我实在不敢恭维。

还有外公外婆，爷爷奶奶，他们怎么办？四位老人年纪越来越大，行动越来越迟缓。身边没有晚辈的陪伴，他们该如何安享晚年？

想到这里，我的眼泪"唰"地就流了下来。

我和妈妈去办护照，一位阿姨说："小姑娘真幸福，这么小就要出国。"

我无奈地笑了笑，有什么可骄傲的，我的家庭条件一般，哪里负担得起出国留学高昂的费用。只是因为舅舅一家在加拿大定居，妹妹还小，他们想让妈妈去帮忙带孩子。妈妈为了让我能一同跟去，便欣然答应。

暑假到了，妈妈要和我一起去上海签证，我突然有种生离死别的感觉。特地去超市买了许多小面包，很认真地对爸爸说："老爸早上要记得吃早餐，没时间的话就吃面包吧，别把胃饿坏了。"老爸感动得热泪盈眶。"婉玉你终于长大了，知道心疼爸爸了。"

被拒签是在2009年7月12日。

原因是认为我和妈妈有移民的倾向，妈妈在使馆台阶上坐了整整一上午。我看似平静地接受了现实，心里却特别难过。错失这次宝贵的机会，可能我的出国梦永远也不能实现了。

妈妈突然大哭起来，"对不起啊，婉玉。"

我鼻子一酸，也哭了。

3

出国的愿望实现不了，妈妈很快振作起来。她帮我挑了一所新学校。据说是我们那儿教学设施最先进、教学水平也不错的私立学校。

学校招生办的老师改完我的摸底试卷后，过了好久才吐出一句话："小姑娘，字还好。"

开学前，爸爸语重心长地对我说："你的基础太差了，继续读初二你一定会跟不上进度。我和你妈商量好了，让你留级。"

"要我留级？不行，太丢人了！"我很生气。

"成绩差才丢人呢，我们都是为你好！"

我自知理亏，没敢再吱声。

初中生活真的没什么好说的。

初中三年，我给大家的印象是独来独往，有点儿神经质。班上有个女生叫钰，善良，有主见，不仅漂亮而且成绩还特别优秀。老师对她格外偏爱。我们成了好朋友。

我很珍惜这份来之不易的友情，但是后来她有了新朋友。我们的关系也就逐渐淡漠。

7月，去学校填志愿，我看见了钰。她中考发挥得很不错，二中肯定没问题。她朝我笑笑。不知道是什么心理作祟，我白了她一眼，从她身旁经过。

明明是我跟不上她的步伐，明明是我一味地逃避她。我最终失去了钰，以至于此时此刻的我是如此想念她。

钰，对不起。

初一时，我因为比别人多上一年初一占了优势，所以期末考试竟然不可思议地考了年级第一。但是初二初三增加了物理和化学。我的理科成绩惨不忍睹，自然也不再优秀了。

中考前的两次模拟考试我考得很不理想，特别是物理和化学，这两门学科的成绩总分加起来还没60分。每次考试不理想，妈妈总是带我去人民路买衣服。五六百的名牌都舍得给我买，只为鼓励我。妈妈给我买的每一件衣服的小票我都收好放在小盒子里。我对自己说，将来一定让妈妈生活得更好。

中考只考了624分，但还是比我预期的要好。虽然只够上市重点高中，但爸妈还是很满足，三年的心血没有白费。

4

高一刚开学，妈妈决定在安庆买房子。安庆这座小城，房价也不便宜。但是为了让我上学方便回家，妈妈咬咬牙，还是把首付给付清了。我却高兴不起来，买房子加装修不是一笔小数目，爸妈以后肯定不能活得太自在了。姐姐的一句话让我差点儿落泪："你多幸福啊，将来大学毕业了也不用担心房子的问题。我好羡慕你。"如果不努力学习，我又对得起谁呢？

有人会说，你妈为了你也太能折腾了吧。其实我也是这么觉得。和妈妈在一起时，我问她："老妈，我成绩不好，还老是惹你生气，你怎么就对我这么好呢？"

妈妈哈哈大笑，说："谁让你是我女儿呢，感动了吧？记得以后孝敬我和你爸啊。"

"当然了。"

亲爱的爸爸妈妈，不要对我失望，我可是一只潜力股呢。你们就耐心等我长大吧。

我想握着你的手

贪吃的肥猫

汗流浃背的我前脚才踏进家门，后脚就被你给拉走了。

"快点儿来登录，我要帮你偷菜。"

"我才刚刚到家，让我喘一口气吧。"

"边登边喘，你再不登录就会给别人全部偷走了。"

"好好，你先松开手。"

开饭的时间快要到了。你在厨房和餐桌之间来回走动，豆大的汗珠不断地从你的鬓角流下，并在粉红色的睡衣上流淌，直至散开成一朵小花。

我起身想帮你，却被你狠狠一瞪，在"不要给我添乱"的眼神下乖乖坐好。

直到你忙完了之后，我们才开始吃饭。每次都以为你可以休息了，但是你又开始忙个不停。

你把后背靠在椅子上，用筷子不停地夹菜到我的碗里，到最后就直接动手。

"这个好吃！"

话音刚落，一只剥好壳的煮虾便放在了我的碗里。

我看着你因为抓虾而被烫红的布满老茧的手，艰难地咽着碗中的饭，却吃不出虾的味道。

失魂记

突然很想握着你的手。

吃完饭我就被你赶回屋子里面学习。

我拿着笔坐在桌前，侧耳听着从门缝中不断传来的水声，在脑海中想象着你洗碗的画面。

你的腰一定很酸。

结合以前洗碗的经验，我推断出以上的结论。但是我却没有发现，门外的流水声已经停止了好久好久。之后在似梦非梦中闻到了一股清茶的香味。

我一下子给吓醒了，转过身来，有些尴尬地看着站在门口的你。

"看你那副要死不活的样子，喝完这杯茶再写作业。"

我下意识地接过茶杯，嘴里还不停地反击着："知道啦！我喝完了之后你就直接回房间玩电脑去吧。别老上阳台晃去，我看着眼晕！"

夜深了，我悄悄走进你的屋子。

意料之中地看见你的电脑还开着，自己却跑到床上呼呼大睡，手上还拿着一本写着什么时间要偷谁的什么菜的本子。

我摇摇头，蹑手蹑脚地走过去帮你偷菜，接着就帮你关上了电脑和灯，来到你的身边。想帮你盖好被子，却摸到了有些冰冷的手。

真是的，自己都不懂得照顾自己，还来说我？

虽然心里是这么想的，动作上还是极快地握上了你的手，用手中的热量帮你捂热。

不管再过多少年，也不管你的手变得多么粗糙，我都想握着你的手，直到永远，我最亲爱的妈妈。

我当你们老师怎么样

　　我说了这么多，还是忘了说，为什么突然那么想当老师。千万不要说老师矫情，因为，我喜欢一切美好的事物，而这个世界上，我找了这么久之后突然发现，最美好的事物，就是充满了一切希望和可能的你们。我想参与到你们的成长中去，哪怕是旁观你们的精彩，哪怕看到你们跌倒，都要为你们的坚持和努力鼓掌，用力喊到喉咙沙哑，只为让你听见，让你知道，你是这个世界上最美好的存在。

咔嚓咔嚓，御姐变呆瓜

郦儒

某日在家待着没事，脑子一抽，出去剪头发。

我进理发店刚坐下，摘下眼镜，理发师给我围起毛巾，梳了一下头发，就问："妹子，你头发没拉直过？"我不明所以，乖乖说："没有。"理发师一听，赶紧导入正题，说："为什么不拉直呢？"

原来跟我推销业务来了。我说："发质不好，拉了更差。"心想：大哥，我都如此贬低自己了，平时这头发我连说都不让人说的，你就乖乖剪头发吧。理发师不依不饶地说："不会的，拉直过后头发容易收拾。"我头发很差吗？很难收拾吗？我感觉我的手已经捏得很紧了，我在心里默念淡定，又说："拉直了不好看。"像我这么自恋的人会说自己不好看简直是世界末日来临，你敢再逼我看看？

结果那厮不知道是奉承我还是怎么着，说："怎么会？你这么好看……"为啥我听着一点儿都不高兴呢？哀叹一声，做生意就是不好，违心之论说多了听的人都不相信了。我望着镜子里模糊的自己淡定地"嗯"了一声，开始闭目养神。

旁边一个洗头发的女生开始跟理发师聊天："最近店里在办活动是不是？"另一位理发师说："是啊，八折呢。"那洗头发的女生说："唉，我上个月刚拉直了头发，还没这么便宜呢，不过拉直了感觉头上轻飘飘的，所以我打算过几天再烫回来。"那理发师笑得脸上都开出牡丹花了，说："你在我们店里做了这么多次头发，不管什么发型都很好看，不过啊，学生大多都是拉直的。"

我在心里默默竖起中指，却听见理发师问我："你是学生吧？"

"嗯。"

"高中的？"

"嗯。"

理发师看我没什么兴致跟他说话，终于能够专心剪头发了。旁边两个女生依旧叽叽呱呱地聊天。

许久，理发师又问："剪刘海儿吗？"我闭着眼又"嗯"了一声。

我太过相信理发师的审美标准以及低估了他的报复欲，被我冷落了那么久的他将满腹怨气全发泄在我的刘海儿上。等我睁开眼睛时，被镜子里的自己狠狠"雷"到了！我感觉自己已经濒临暴走边缘了！大哥，我是三七分斜刘海儿啊！你给我剪成齐刘海儿算什么啊？我一干练御姐被你剪成萝莉呆瓜算怎么回事啊！人家都说，剪完头发在理发店里看着美美的，回家一洗头完全成了一鸡窝。我这还没回家呢，就已经觉得不满意了！

理发师看起来倒是很开心，我掏出十块钱给他，成功地看到他的脸立马拉了下来，速度之快，跟川剧变脸有一拼。我就这十块钱还是从我妈手里抠出来的，你说我能不狠心拒绝你的推销吗？我倒是想拉直呢，怎奈没钱啊。我乐滋滋地看着他找完钱，然后就出了门。

第二天到学校，悲剧了。

在一楼碰见英语老师Melody，她戴着一顶浅灰色帽子冒充萝莉对着我笑，说："你也改路线了？"我崩溃了，为啥要用"也"字？我没有改路线好不好！我、我、我哭给你看你信不信！

在班里，坐在后面的郭奕坤叫我给他找试卷时，我侧脸过去，他惊呼："呀，组长你变了。"变个鬼！我瞪了他一眼，他继续说："跟上个星期感觉不一样了，你刚刚回头的时候惊艳到了！"惊艳？惊艳怎么姐姐到现在还是单身啊？"我好感动，你终于变小清新了！"这意思是说我终于像个姑娘了！我继续用眼神骂人。郭奕坤突然意识到我杀人的眼神，终于乖乖地接过试卷，闭上了嘴。

郭奕坤安静了，世界和平了。我趴在桌子上，继续怨念：不就剪个头发吗？谁规定我不能稍微女孩子一点儿？剪成这样是我乐意的吗？我才是受害者！

苕子调，时光游向蔚蓝深处

凌 霄

已经快6月了，高三学长即将面临重大的高考，而我们这些高一的孩子却闲得空虚。

常常在想一年前，一年前的这个时候我在干什么？一模二模？备战中考？感觉这些日子就在刚刚，过去不久。但回首，却发现我们已经走出这么远了。我好像要上高二了。什么？我竟然快要上高二了！

期末考试来临，关乎命运，而我却没学什么习。翻上学期期末的地理书，上面贴满了各种题。想想那时候真是疯了，那么拼力气，可现在的我呢？

是谁说的，世界的节奏很快，而我总是慢了半拍。说得太准了！我总是在想，如果可以在教学楼前的台阶上从"晚二"一直坐到放学该多好。不必头疼，不被打扰，仰望三年前的天空，即使是深夜，纯净依然。想着想着就会暗自骂自己，这都什么时候了还整这些没用的，为了夏令营，为了期末考实验班，为了假期能有好日子过，你奋斗一下会死吗？

有时候感觉很累很累，有一种古代诗人左迁的悲壮感，空虚让曾经的自信变成失落惆怅。

但我坚信洋姐说的，"能不能努力不是问题，问题是必须努力；能不能自信也不是问题，问题是必须自信"。

期末考临近，我已经没有了不去努力的理由，再不加油，就没有机会了！

这一段，聊表决心。

《诗经》中有这样一句："苕之华，其叶青青。"注释中说，苕即凌霄花，藤本植物，花为黄色。那正是我的名字咧！

犹记初中时语文老师讲过舒婷的《致橡树》。其中有一句话："我如果爱你——绝不像攀缘的凌霄花，借你的高枝炫耀自己。"当时分析课文的时候，全班同学都笑了，只留我肝疼地盯着桌角。只是名字撞了一下而已，又不代表我的本质，休要污蔑我，咱又不是那样的人，笑什么笑！

后来有人说我这名字好霸气啊，是要赶超玉皇大帝吗？当时我就只是笑了笑，顺带着在心里鄙视了一下他：无知真可怕，竟然不知道那是一个花一样的名字。

从前的时光都很青涩，像含羞草，碰不碰都给人羞答答的感觉。

那感觉用"美好"形容看起来很俗，但却找不到比它更合适的词。

就像十六年前我爸妈翻着字典给我起名字，那画面一定超温馨。

就像汪苏泷的《你的要求》：男孩儿女孩儿前后桌打打闹闹，叠着一种什么花，不顾任课老师在讲桌前的咆哮；夜晚放学路上的路灯下，女孩儿用喜羊羊的调子给男孩儿唱了一首什么歌；冰天雪地里一个人买了两串糖葫芦，一起吃时酸得龇牙咧嘴的什么表情……如果你经历过这些，回忆起来定会觉得，啊，美好不过当年啊！

汪先生无疑是聪明的，可以把那种青果时光在调子里淋漓地展现出来。

重新下载了金娃娃的《Baby, don't cry》，听到第一个音符就很有感觉，和纯真撞了个满怀。

点亮了屏幕，歌词还在滚动，我设置了单曲循环。嗯，就这样。

不需要闭上眼睛，我就可以回想起预言会末日的那年国庆黄金周，耳机里反反复复循环的也是这首歌。

夏末初凉一直是我喜欢的，因为它的清凉彻底让我折服。因此清凉的中秋也是我喜欢的。这一年，中秋和国庆刚刚好撞在了一起。

早晨6点10分，起床。拉开窗帘，阳光很好地打在身上，溢满了屋子里的一面墙。那时候听着这首歌就好像沐浴在阳光下，很温暖，很童真，有阳光的味道。我把喜欢的海报虚贴在墙上，再扯下来，再贴上，摆出好看的图案。不无聊，反而很有乐趣。

那时候，我还是一枚纯真妹子，不矫情地来说。

妈妈给我买了一张大写字台，很大很大，和我睡的床一般大。写字台属于我的第一时间，我趴在上面美美地睡了一觉；第二时间，我敲了一篇叫《没有什么新闻》的稿子；第三时间，才百无聊赖地拿起黑色中性笔，完成我陪它放假一起学习的伟大梦想。

"石头剪刀布/你输了/罚你一个星期不可以看动画片/石头剪刀布/你又输了/罚你一礼拜不可以穿拖鞋……"金娃娃这样唱，我就这样写。

转篮球转到手臂麻掉。我想如果那篇稿子被采用了我会有多兴奋，熊他又会有多激动呢？把很铁的好朋友当作自己的男主角，感觉很不错呢！

我常常会想象毕业后的生活，想象那时和我一起踏入绿皮火车的会是我认识的谁，想象着我们考进同一所学校开始了幸福快乐的生活，想象很多很多。也许真的到了那一天，我会开一个报告会，辩论一下我们的誓言到底有没有被实现。那时我会学会说"好的，我们在一起"。不知道听到这句话的人会是老谁家的小谁？

苦子调，是我的生活。我一直渴望自己能够更自由，更简单，更阳光，可不知不觉中却偏离了最初的目标，空虚感让存在感不复存在。但幸好我及时转弯，调整回到最初的轨道。我很庆幸，我还年轻。

那就让时光游向蔚蓝深处，替我遇见那个更好的自己吧。

我当你们老师怎么样

浅步调

孩子们，快告诉我，当你们英语老师，要多酷多炫才行？

在大四上学期之前，我是一直不屑于去从事教师这个职业的。一是觉得自己当学生当了这十几年简直都要当吐了，如果工作以后还接着跟这群不知天高地厚的学生打交道，我不是疯了就是被人灌药了。二是听说我想当老师之后立马拍大腿、竖手指指着我同时抱着肚子大笑的朋友们，都觉得我这样不务正业的老师去教祖国未来的建设者，简直是花朵们的噩梦呀。

可是，各位开得正灿烂的花朵们，我跟你们说，我从大四下学期开始，真的被灌药了，我简直想当老师想疯了。抛去我为了考到教师资格证每天早起背的书念的经，抛去体检被各种抽血各种检查，抛去教师招考被各种忽悠各种虐，我来说说我想怎么当你们的英语老师，你们嘴下畅快、手下留情地看看我够酷够炫够资格当个英语老师不？

当老师，硬件当然是必备的。虽然不是师范院校毕业，但想当老师的我也是有英语专业科班出身背景的。英语专四、专八这种足够羡煞其他专业的考试，老师我一个月突击复习，都是"良好"通过。其中专四考试，估计因为一个选择题打盹儿了，少考了一分，要不然就可以拿到傲视群雄的优秀成绩了。另外，老师我当年高考英语成绩可是143分呀。

据说，诚实是一个老师必备的品质，那我诚实地说，143分是我英语生涯的巅峰成绩。我各种模拟统测都没考过这么酷的成绩，高考的时候，一定是人品爆发了。

老师读了大学之后，虽然难免吃喝玩乐，纵情俗世，但是英语专业的学习并没有因此而抛弃或者落下，每年评优拿奖学金都是分分钟的事。因为，大学的英语课程经常需要上讲台去展示自己和表达观点，我自己也是突然发现，我想要表达出来的东西原来有这么多。除了可以用中文码稿子，另一种语言也为我打开了一扇大大的窗，那里面，有彩虹的缤纷颜色。

所以，我当你们英语老师的话，别害怕，我肯定是不会客气的。比如，早读这样的事情——看英文书籍、背精彩段落、检查背诵，是你学英语每天必须坚持做的事情。我绝对会戴着眼镜，踩着板凳，站在教室后排的窗户口，擦亮眼睛好好监督你们的。另外，薄脸皮不愿意说英语这样的事情，在英语课上，你一定要忘了。我是那种没事喜欢提溜起一个孩子唱首英文歌、自习课无聊了就让漂亮的班花站起来讲英文笑话的老师，其乐融融可是我上英语课的最高境界。

当老师，软件是另一件利器。你们的英语老师，是不是个个都貌美如仙，一下子就抓住了你们班男生的心？听说各个大学的外语学院，都是美女的原产地和接美女的帅哥的集散地。可惜了，老师我从源头就断了成仙的可能，自幼就被打入了凡尘，这么多年，已经成长为最接地气的形象代言人，爱吃爱睡爱拖拉，大脾气小脾气怪脾气，不修边幅，大大咧咧，一直都是大家怎么方便怎么舒服怎么来。但是，这之外，唯一确定的是，我爱并深爱着这个世界上一切美好的事物。

比如吃，如果你们爱吃，只要成绩提高了，老师搭上工资都可以无条件带你们去吃。不过，你有好吃的，千万要记得推荐给老师哦。比如爱美少年，听说现在的孩子都追星，老师甚至可以坐下来和班里的女生一个挨着一个地聊聊这个话题。听说现在的学生都特别喜欢韩国的明星，这个完全没问题，聊谁老师也不陌生，追溯到你们还没出生时候的HOT、东方神起，老师也能聊上几句。那些穿越剧什么的，老师虽然不看，但是绝对尊重年轻的你们选择的权利。如果你们非常推荐，我一定会去看你们喜欢的一切的。

还有，那些喜欢音乐、图书的孩子，老师家的收藏大门愿意为你们的借阅敞开。欧美圈、日本电视和动漫圈的，老师也可以跟你们促膝而谈，一一道来，卷福抖森吸血鬼，银魂巨人什么的，你们随便说！但是，我是不会允许你们为了偶像去做任何力所不能及的事情的。偶像是要给你们力量的人，如果偶像带来的是负能量，那就要尽早断念。

另外，老师非常欢迎你们把小情绪告诉我，老师写过的文章几乎讲的全是那时候的故事。你们的心情，虽然和我隔着几年的时间，但青春的故事是永远都有人正在经历着的，而曾经年轻过的人感慨更深。暗恋、喜欢和告白，都是属于你们的标签，但我不希望看到你们正上着学就出双入对，而是希望你们能珍惜与他（她）每一次见面内心哼着歌的感觉。你要知道，那是青春最好的纪念品。

我说了这么多，还是忘了说，为什么突然那么想当老师。千万不要说老师矫情，因为，我喜欢一切美好的事物，而这个世界上，我找了这么久之后突然发现，最美好的事物，就是充满了一切希望和可能的你们。我想参与到你们的成长中去，哪怕是旁观你们的精彩，哪怕看到你们跌倒，都要为你们的坚持和努力鼓掌，用力喊到喉咙沙哑，只为让你听见，让你知道，你是这个世界上最美好的存在。所以，你一定要记得，要用百分之百的汗水去努力走好人生的每一步。

其实，还有非常非常多想要跟你们一起分享的心情，这几页文字是不够我唠叨的。现在的自己，常常会想，不知道自己够不够幸运，可以有一天异常激动地推门走到讲台上，用力一敲讲桌，把最后排还在说话的学生给打断，然后些许紧张地开始说：孩子们，我来了，我是你们新来的英语老师，来，从最后排穿白T恤衫的那位同学开始，大家自我介绍一下……

除非你很爱自己

苏 铁

又到了一天几度的点餐时间，舍长捧着几张外卖单追问每个人想吃的东西。我抓过一张瞥了几眼之后，迷茫地抛给了舍长几个我没有食欲的眼神。鱿鱼干继续埋头跟她的游戏苦干，小云子外出逍遥去了，小杨不想吃饭，大侠早就吃起了方便面。舍长顿时仰天长叹："人啊，为什么一定要吃饭！"我白了她一眼："除非你愿意饿死！"

没有人愿意动。最后我和舍长饿得不行，决定回归原始，结伴上饭堂。

下了楼，初秋的气息已经很明显了。干净的校道落了发黄的叶子，空气夹杂着寒气，突然有点儿止不住地颤抖。走在路上，看着身边来来往往的人把外衣夹紧，才意识到自己短衣短袖真心是个奇葩。舍友直接无视我的轻微振动连连感慨我的强大。我也想外衣加身，奈何感官迟钝，走远了才觉秋意凌人。

这让我很快想起了过得有点儿凌乱的长假——"十一"国庆。那几天被问得最多的问题总是为什么国庆不回家。

我记得我到最后已经把理由说得烂熟于心。一是回家来回路费贵，二是怕塞车，三是难得国庆七天标准假可以把广州逛遍。理由冠冕堂皇得好像我已经把这个长假安排得充实有序，其实是抱着内心的小清新想要尝试一个人的日子。但几天下来无聊无语又无可奈何地承认，一个人的生活，显得笨拙而粗糙。

因为健忘，所以神经总是过度紧张。出门时神经兮兮地反复检查，关门窗，带钥匙，拿钱包，戴眼镜，带手机；起床时睁眼就是天花板，闭眼不想吃早饭，最后拗不过哀号的肚子，爬起来烧水冲牛奶；晚餐盯着外卖单不知道吃什么好；11点前爬上床，等到眼前忽然一暗，灯按时熄灭后关了手机准备睡觉；早晨醒来发现自己紧紧地背靠着墙；打开洗衣机的那一刻触电般意识到忘了加洗衣液……

想跟朋友诉苦一下生活的乱套，但在想到是自己执意不回家的后果后，便没有按下拨打键。

过了几天没有图书馆、没有舍友、没有激情、没有电脑电视的颓废生活后，某一刻罪恶感"噌噌噌"地上升到了嗓子眼儿。于是开始做些什么来让空洞的时间变得饱满——

买明信片给朋友写信；

逛街时给自己也给弟弟买了衣服；

坐不同的公交车，坐一样的地铁，穿过不同的人群，去看不一样的风景；

和师傅师母去登白云山，在自己即将坐上缆车时回头望着几百号人的队伍毫无掩饰地举票炫耀；

一个人在空荡荡的宿舍里看小说写文字；

深夜走在路上和宇哥通电话，各种调侃大笑，为了让自己忘记早已身临其境的黑暗；

……

然后随着假期的尾声接近，社团活动又开始让人焦头烂额了。

如果不是后几天的假日，我真想质问自己这么固执的理由，问自己为什么不回去把握已经为数不多的和家人一起的机会。但我知道我做不到。说真的，倘若一开始便做好了决定，中途反悔离开会让我觉得很难受。

我并不是不喜欢这样的生活，有首歌是这么唱的：

我一个人吃饭旅行到处走走停停，

也一个人看书写信自己对话谈心……

像这样清新的生活总是给人表面的安宁并激发我的向往……

可它也这么唱：

只是心又飘到了哪里？

就连自己看也看不清……

我毋庸置疑地印证了这首歌的心境，尽管我更愿意相信我一个人的生活可以过得很好。但我最后只想说，除非你很爱自己，会按时吃饭绝不在饮食上亏待自己，会独自穿过长长的黑暗而不心悸，会打点自己无聊的漫长时光，会买喜欢的东西犒赏自己，会让自己对一个人的生活很满意，会选择自己一个人走走停停的方式而不愿意扎堆……或者，有个人在身边替你爱惜你……不然，轻易不要相信，一个人的生活会比你现在误把习惯当厌烦的群居生活还要好。

世界上另一个我

天下无敌

"世界上，总有个人和你刚见面，两个人就互相吸引，莫名觉得是一个整体。"这句话是我在一本书里看到的，名字是什么记不清了，只是他说的"反向人"很是吸引我。

一直以来，我都有个奇怪的幻想：这个世界上，有着一个像极了我的人。我们是一个整体，盘古开天辟地后，被迫分开，流落在宇宙洪荒，历经生死浩劫，靠着心灵感应感受着彼此的一切，却从未遇见过。这种想法，我不知道其他人会不会有，我只知道，在我那段最灰暗的时光里它出现得最多。

那个时候，我处于叛逆期，认为一切的按部就班都无聊透顶，青春的脚步这么轻盈，我们应该利用大好时光去做一些有意义的事情，而那个时候，我所认为有意义的事就是上课睡觉，我由原本的中游生下滑到倒数前三名。

我还记得当时班里流行的玩笑话。

"请问我们班每次考试谁的成绩最稳定？"

"秦肖遥。"

"为什么？"

"因为他每次从后面数都是前三。"

……

后面说些什么我听不清了，只是越来越大的笑声，还是跌进了我的耳膜。可我却像个没事人一样，冲到那群所谓的尖子生里，自鸣得意地说："有本事你们考个倒数前三试试看。"

接着，那群嘲笑我的尖子生一哄而散，好像我是个流感病原菌一样。

其实，说这些的时候，我有个小小的私心。我嫉妒、仇视那些成绩好的家伙，自以为名次表上的位置靠前，就可以沾沾自喜、目中无人，有本事的话，你们也考个倒数前三呗。这样想的时候，我的噩梦来临了。原因无他，被有"催命鬼"之称的老班叫去"喝茶"可不是什么好事。

走到办公室门口，我特意整理了一下仪表。不是将褶皱的衬衫抹平而是解开了上衣的前两个扣子，还将自己本就睡成鸡窝的头发揉乱，你可能会纳闷儿：这个样子被为人师表的老班看到不好吧？这里我要敲你一下，我还处在叛逆期，怎可对老师乖乖束手就擒。

自然是一顿免不了的训斥，只是不同于对其他学生的那般——虽然失望，但仍旧语重心长——我是让他生气到绝望的纨绔子弟。他对我有的只是抓狂、无奈和已经消磨光了的耐心。

"你真的就这样放弃自己？"我离开前，老班叫住我。

看得出来，他的眼角泛泪，正在演绎一种叫作"恨铁不成钢"的表情。

我抖抖肩，大步离去。

回到教室门口，这时还在上课，语文老师下发试卷，将考了班里前三的同学叫了上去，大肆夸奖。他们在台下同学们热烈的掌声中开怀大笑，只是那笑容太过招摇，一不小心，竟刺进了我的眼。自然，这一幕的和谐我是不允许的，我使尽了吃奶的力气，由丹田发声："报到！"

好一个万众瞩目！大家齐刷刷地望向这个打断他们荣耀和光环的"凶手"，取而代之的是鄙夷和厌恶。

我不在意，也从未在乎过，混着"请进"的声音大步流星地走向我的座位。

没过多久，我辍学了。

忘了说，我有轻度智障。三岁那年发高烧，父母在外工作延迟了送我去医院的就诊时间，很不幸的，我烧坏了脑子，大脑的神经中枢有些问题。自从升入初中以来，我发觉自己渐渐偏离了老师的教学节奏。缘由不是我真的性格不羁，只是脑子运转真的跟不上同龄人的速度，我成了他们的绊脚石。在那些百转千回的日子里，我有多么羡慕那些智力正常的孩子，可以坐在明亮的教室里努力读书，但我不能，我是智障。也是这个时候，"反向人"被激发了出来。

我幻想着他读书时期唾沫横飞的样子，握着笔尖在纸上划出沙沙的声音，解出一道道奥数题后自信晕染的面容。可我是个智障，这一切与我都毫无关联，主角只是拥有我B面人生的人。

我理所应当会被遗弃。与其让他们最终丢下我，倒不如我先舍弃他们，所以老班的那句"你真的打算放弃自己？"会格外忧伤，忧伤到他的眼泪飞溅到我的眸子里，硌得难受。

爸妈突然化成两块异名磁极的磁石一般，由地球的两端飞速回来。

"肖遥，不要担心你的智力问题。相信自己，你并不比别人差。"爸爸说。

"肖遥，这些年我们努力赚钱就是想联系上海的医院，想带你去看看需不需要手术，现在我们钱攒够了，你也可以手术了。"妈妈说的时候，瞳仁闪出亮光。

……

我曾经以为我这样了，爸妈会腾出时间来爱我，但过了十年，我发现自己很幼稚，我只是他们身上一道或有或无的疤，他们穿上衣服来遮挡，那道浅浅的疤就不见了，而物质才是他们的最高追求。

可是今天，当他们风尘仆仆地从外地赶回来的时候，我看见他们面颊的沧桑，指尖的粗老，眼睛不禁湿润，一切都是我太过无知，无知地会相信他们不爱我，无知到会相信他们忘了有过一个智障小孩儿，无知到会相信他们嫌弃这个智障小孩儿。

妈妈告诉我他们在外风风雨雨漂泊了十年，只为攒够能送我上大医院手术的费用。那一秒，我多想扇自己一个响亮的耳光。

晚上，我做了一个冗长的梦，那个梦联系了我过去幻想出的很多个情景片段。片段里，我总是看见拥有我的B面人生的主角，他不高大，也不帅气，甚至长得有些丑，但他和我有着一样的眉眼、皮肤和嘴角。我们是一个整体，有着相同的运气。两个人相加是一百，如果我占了五十，他也就五十；如果我占了一百，他就只有零。

我被确认智力有问题的那天，他刚好测试出智商超群；我被父母丢在家中孤独寂寞的时候，他被家人围住享受欢乐；我因为成绩变差被老班狠狠批评，他在捧着全国数学竞赛一等奖的奖杯合影留念；我最终知晓父母爱我大过天的那时，他却开始了异国的流浪之旅……

人，就是这么好奇，好奇自己的另一面会是个什么样子，倘若他真的出生，又会以怎样的状态生活？我和他的命运紧紧相连，息息相关，从出生就开始注定了，而我们却永远都在彼此看不见的时空存活着。

你美了我的青春

楂椴椴

　　转发微博抽奖中了温泉双人两日游，于是我就拉着舍友快乐地出发了。

　　载我和舍友去坐旅游巴士的是一个特别可爱又好玩的阿姨。阿姨说她女儿跟我们一样大的时候经常带一帮朋友到家里来玩，每次她都会给他们做拿手菜。有一次，母女俩把盐加重复了，阿姨问："好不好吃？"那群孩子猛说："好吃好吃好吃！"阿姨于心不忍，"小朋友，不要太勉强……我自己都吃不下去了……"

　　后来有一次，女儿的一群同学又到家里来玩，里面有一男孩子对她说："阿姨，我可不可以追你的女儿？"

　　阿姨当时不知道该怎么回答他，心想他怎么能这么大胆？他一个小孩儿，一不能跟他发火，二不能跟他说可以，毕竟自己是大人啊。然后阿姨就跟他说："你呀，现在就好好学习，将来努力工作，做出一番事业来，把你的这些勇敢用到该用的地方去。到时候，阿姨可能会考虑把女儿嫁给你啦。但是现在不行，你俩只能当同学啦。"

　　阿姨说她其实挺喜欢这男孩子的，一米八几的个头儿，挺帅一小伙子，说话也很幽默。这些都符合她的未来女婿标准版本1.0……

　　后来，根据阿姨的片段性叙述，我大致拼凑出一段关于少年少女的青葱故事。

从初中开始，男孩子就对女孩儿有意思了。当年他们中学那片儿有挺多小混混出没，阿姨的女儿是个漂亮的女孩子，所以经常在校门口被堵。几个小混混叫嚣着女孩儿吃了他们的夜宵，非要她还钱。

阿姨就亲自到校门口埋伏去了。她让女儿从里面走出来，装作互相不认识。就在小混混靠近女孩儿的时候阿姨逮住他们，特别霸气凛然地说："我女儿到底欠你们多少钱？你说我给。还有，我们家大伯是派出所所长。"

从那以后，男孩子每天都会送女孩儿回家，确保她安全抵家了，自己才掉头回家……

就这样，男孩子的喜欢一直延续到了现在。女孩儿今年二十一岁了。前阵子女孩儿的爸爸生病住院动手术，男孩子都特地大老远儿地跑到医院，给叔叔鼓劲，把殷勤献给了"老丈人"……仿佛女孩儿的整片青春，都踏满了男孩子鞍前马后的脚印，而男孩子的一树年少，也因女孩儿的笑靥而生花。

有人说："每个人都该去暗恋一次，暗恋能让你学会怎么对一个人好，小心翼翼而又无私的那种好。但千万不要太久，不然你会忘了怎么对自己好。"

其实，不论是谁，能遇到一个让你渴望为了他（她）而全心全意地付出的人，多好。

一场倾慕里，一方学会了珍惜别人，一方懂得了珍惜自己，都真心实意做了自己想要做的事情，有一天也都会成了自己想要的自己。谁都不亏，谁也不欠。就这样，美了彼此的青春。

作为听众的我，自然非常希望故事里的男孩子最终可以把阿姨的女儿娶回家，尽管心里明白可能世界上有些坚持就是得不到胜利，多少人摇旗呐喊顽守多年最后依然兵败如山倒，但是，我想，他们这么可爱，一定都会得到幸福的。

告别肥妞的历程

乌 鸦

在这个高脂高钠高糖外加高压的时代，很多人非常不幸地变成了胖子，当然，我也是其中之一。看着自己穿上以前的衣服扣不上扣子时，我决定减肥。

万事开头难，我没有专业的营养师，也没有多余的钱去买减肥产品，所以我采用了减肥历史上最痛苦的方法——绝食。你要注意，是绝食而不是节食。第一天还好，面对同桌各种零食的诱惑，我会果断地把眼睛闭上——眼不见为净，心静自然就不饿。第二天我有些蠢蠢欲动。第三天，本来趴在课桌上的我一听到撕包装袋的声音马上就坐直了，然后顺声而望。啊！是面包，是薯片，是巧克力……于是什么"要么瘦要么死"的"雄心壮志"全被踩在脚下，食欲完全打败理智——绝食减肥失败。

绝食不行了，那就改变战略吧。电视上说少食多餐就会瘦，我便把自己的一日三餐换成一日五餐，每餐饭量减半，这样下来我一天少吃半顿还不会太饿，简直太完美了！可计划没有变化快，"吃"是一种行为，"饱"是一种思想，而我是个"只做不想"的吃货，"少食多餐"反而变成"多食多餐"，不仅没瘦还胖了两斤——再次失败。

我跟同桌分析了一下，引起肥胖的原因是学校附近的快餐油盐太多，零食中的糖和添加剂更多，要想瘦，必须远离它们。第三套方案就这么出炉了——生食减肥，也就是不吃快餐和零食，只吃水果和生蔬菜。三天后，我多了一个外号：兔子。因为我整天啃苹果、吃黄瓜、嚼胡萝卜，偶尔改善一下伙食就添棵生菜。皇天不负有心人啊，一个星期我瘦了五斤。就在我兴冲冲地说要请同桌吃生菜时，我的胃突然疼了起来，它绞着劲儿跟我"说"："你还是不是人了！"就好像同桌跟我抗议："你还是不是人了，人家要吃肉！"他俩是一家的才对。

生食减肥，待定。

医生说我是因为不好好吃饭才会胃痛，我把生食减肥的事告诉他，他马上严肃起来："真是胡闹，高三学生减什么肥，多学点儿自然就瘦了。"我低头不语。他又说："要是真想瘦，就运动运动，每天跑几圈，爬几趟楼梯或者打半小时羽毛球都行。""都高三了哪有时间运动。"我反驳道。"就是高三了才更应该注意身体，运动的真正目的不在于减肥而在于保持健康，有了好身体上战场才不会倒。"我觉得他说得在理，所以决定再次改变战略。

第四套方案：科学减肥，强身益智。我根据自己的习惯和喜好定了份食谱：早上喝粥或者喝奶吃水煮蛋，中午正常吃，但要用温水涮掉菜上的油，晚上吃自备沙拉。最关键的一步是下第二节晚自习去操场上跑步，两三圈就够，不会很累还会减轻学习压力。我的成果是一个月减掉九斤！

最后，我知道很多女生和我一样在减肥，我深表理解，但也要唠叨几句：盲目减肥是相当不科学的哦，瘦得快反弹得也快。不吃饭会使血糖下降，很难集中注意力，不仅会使成绩下降，更会使身体变差。至于减肥药，所谓"是药三分毒"，说没有副作用那是骗你的。

真想瘦得彻底又健康，要掌握"天时、地利、人和"，别嫌太慢，心急吃不了热豆腐嘛。我从61公斤瘦到49公斤靠的也是坚持和忍耐。

姐妹们，爱美没错，但一定要记住：身体是革命的本钱，对于我们学生来说健康才是第一位的。

忽如远行客

汐一诺

和舍友逛街看到带喷头的塑料小瓶子，白色纹路上描着鸟语花香，突然就好想哭，不带一丝矫情地、扎扎实实地想。

那些隔着八百多公里的记忆纷至沓来，鲜活异常。那些夏天炎热的午后，年轻不安的心跟着空气一起躁动，有才的姑娘用各种办法降温：学洒水车穿梭教室把水泼在地上，一边喊着"小心啦让一让"，一边使劲按着带喷头的小瓶子，在寡淡的空气中喷出一道道彩虹。

好像这都已经是很久以前的事了，其实也没过多长时间。

不是上一秒还在怒刷厚厚的文综练习册，还在抱怨老师自作主张不给我们放元旦假，还在为了一个问题而争论不休吗？不是上一秒还在呼朋引伴地去厕所，还在翘晚自习往小卖部跑，还在比谁把橙子削得更好看吗？怎么一眨眼就成了这样？

最初发这条说说的姑娘现在在北京学韩语，没事就爱把要求背诵的课文截图发到群里，嚷嚷着"闲着没作业的都来和我一起背"，引无数英雄竞折腰。隔行如隔山，从前小瞧了的真理现在结结实实地给了我们一棒，大批理工男凑群扎堆讨论壮哉我大"工图"的世界我压根儿没有进去的奢望，对同行谈起现代汉语古代文学，旁人照样一头雾水，至于学外语的小伙伴，往那儿一站就艳压群芳，其他人只能仰望而吐槽：请说人话。

妹子们染了头发、做了造型、换了衣服，可能还化了淡妆，走上街头明媚得赛过一朵迎风招展的花，让你愣在那里半天认不出。汉子们变了发型改了风格个头儿貌似也蹿了几公分，嘴巴上淡青色的成熟感让你有点儿不敢相信这就是曾经卖萌欠扁的臭小子。好不容易盼到了假期却迟迟不见激动相拥的镜头，少了设想中的迫不及待，甚至连是不是要见、什么时候见也得放在脑袋里细细考虑了。

别后相思隔烟水，真到了重聚的时候，你却恍然惊觉，地理上的千山万水已经被不知道什么力量挪到了心上，悠远渺茫。

坐了十五个小时的火车回家，家乡变了，学校更变了。填了青色的水池子改造成小广场，当初最难挨的上坡路修整出一溜文化墙，操场边那行大树都被掘了种小树，原先拿你当人才没事找你谈话的校长大人也不认识你了。望着学子们脚步匆匆面露青涩，似乎自己和所有的稚嫩一瞬间剥离开来，决绝得让人凄凉。

拜访以前的班主任，才发现突然之间老师已经从象牙塔的守门人变成了社会现实的揭露者。看他带着惯有的微笑说一些从未料到的话，什么很多时候不能靠兴趣总要以前途为重啦，什么还是学经济好以后能赚钱啦，什么语言文学类的东西稍懂就行了没必要考研究生啦，心突然有点儿沉沉的，笑着的嘴角有点儿酸。想想最后一次和朋友在走廊的角落兴奋地策划高考后要一起去旅行，真是恍如隔世。

大概生活总要一场场地离别，一次次地被打成客人，至少你知道了它总得这样过，下一回就不会惊慌失措而是笑着说，它没丢，它一直都在。在左边胸腔那个昼夜不息温暖跳动的地方，支持你更好地往前走。

悠悠夏风知我意

夏南年

我叫苏沁岚，今年十六岁。

没有过于开朗的性格，但也有自己温暖的小圈子。喜欢古城安宁的气息，也喜欢音像店里爆炸般的老旧摇滚乐；喜欢写干净温暖的童话，也喜欢纯净忧伤的文字；喜欢一个人喝鲜榨的果汁，也喜欢和别人结伴，一同闯过杂乱无章却也繁花似锦的时光。

苏晴安说我是各种纠结心情的结合体。夏芸说才不是呢，说我是天马行空幻化出的神奇物种，有朝一日可是要开一家东野圭吾书中那样的解忧杂货店的人。

初夏的时候，苏晴安戴着白色的耳机问我："什么是青春？"她在问这句话的时候耳机里的声音开得很大，我能清晰地听到里面传来的温岚的《热浪》，所以我怀疑她只是觉得，在这样的场合和这样的天气里很适合问这样的问题。

我说："你觉得呢？十五岁之前我觉得青春应该是热烈的，满怀着激情和即使撞得头破血流依然奋不顾身勇往直前的力量，可是现在我觉得青春就是语数外的试卷加上你选择的三门课。"

"哎呀，阿岚你太没趣了。"苏晴安竟然从那么大声的伴奏里听到了我说的话，不满地摘掉一个耳机强行塞到我的耳朵里，"我看你是被现实逼迫又找不到方向才觉得生活那么乏味吧。"

"你才多大啊，就知道现实不现实的了。"我嘻嘻笑着，其实心里觉得苏晴安说得挺有道理的。

我最大的梦想是有足够的时间坐在图书馆里写自己喜欢的文字，看自己喜欢的外国小说、绘本和杂志。可是现实中我消磨掉时间的方式大多是和苏晴安、夏芸一起看书，写永无止境的试卷，混沌的时候打打闹闹开玩笑，只有在极度疲惫的时候才允许自己抽出一部分的时间安静地打磨文字。

《解忧杂货店》中，待在浪矢杂货店里的那几个人给热爱音乐的人回信说，你对音乐的执着绝不会白白付出，将会有人因为你的音乐而得到救赎。我想文字也是如此。

临考前的几天破天荒地提前放学，我和苏晴安照例是乘车去百货小吃街。

小吃街位于我们这个不大的城市的老城区，却没有破败的景象，整天人声鼎沸车水马龙。小吃街的旁边有几家精致的饰品店，记得小时候最让我高兴的事情便是妈妈愿意带我去那里买一点儿吃的，顺便再看看那些亮晶晶的发卡和丝带。

苏晴安喜欢吃那里甜辣味的鸡排，我吃章鱼小丸子。一大片弥漫开的香气里，我说："知道吗？其实我特别喜欢吃鸡翅。"

"那就买啊。"苏晴安一脸茫然，不知道我为什么突然说这个。

"可是我每次吃都会把骨头也吃得一干二净，特别没出息。"我有点儿郁闷地说，"因为小时候我妈无论如何不准我吃，让我现在一看到就觉得莫名激动。"

"我知道，以前看小说的时候，里面那个很可爱的女生就是因为小时候总是吃不饱，后来不论吃什么胃口都很好。"

"这是心理缺陷吧，就和我现在看到数学作业就头疼一样。"

"你那是太不勤奋了吧，虽然我也是这样。"苏晴安白了我一眼，然后我们又嘻嘻哈哈地笑作了一团。

苏晴安是我十几年中唯一一个相处得特别自然的女生，我们一起去食堂，一起抱怨作业和拖堂的老师，放学时一起回家，相见之欢不如久处不厌，我想就这样简简单单的生活似乎也挺好的。

但当我轻松地回到家时，就发现气氛不对了。

夏芸说，有的时候你明明觉得你与某个人条件和成绩都差不多，却不能一味地跟从他做很多事情，因为也许他有资格，你没有。这个资格是外界给予的。当我看到妈妈正拿着我初三毕业的那个暑假时用来写文章的本子时，莫名地想起了这句话。

"你什么时候又写了那么多？"妈妈用冷冰冰的语气问我。

"初三毕业之后。"我有些艰难地回答。

"难怪高中你不如人，原来一个暑假的时间都用来写这些东西了，你看这写得密密麻麻的，写这些有什么用，你别做梦了。"妈妈的声音里带着歇斯底里的味道。

"难道放假的时候就不能写一点儿吗？这是我喜欢做的事情。"我的声音里带着连我自己都陌生的茫然。

"不行，就是不行。"伴随着妈妈的吼声，本子变成了两半，接着又化成了无数片细碎的蝴蝶的翅膀，飘散在了眼前。视线莫名有些迷糊，妈妈的脸在一瞬间变得有些扭曲，她还在奋力地撕有些硬的封面，我低头想捡起地上的残片，犹豫了一下，还是一声不吭地回到了屋里。

自从姥姥去世以后，妈妈的脾气便日益暴躁起来了，家里发生争吵就像家常便饭一样，连爸爸都被弄得不胜其烦。

过一会儿风波就会平息了，我安慰自己。我拿出语文作业本开始机械地进行抄写，默背着《醉翁亭记》中的段落，难过的感觉真的减少了很多。

我最喜欢的一个青春文学作家独木舟说："那些惊鸿一瞥的美，就算往后若干年俱不得见，为什么我不可以坚持相信它还会再度发生？你不需要回答我为什么，反正我知道，生活是怎样过下来的，便会怎样延续下去。"

此刻我坐在窗前，伴着悠悠的夏风，脑海中突然便浮现出了这段话。

那么会不会，在未来的某天我翻起关于十五六岁的记忆，也会觉得脑海中像是划过了一抹明艳的光芒？

距离那次争吵已经过去一月有余了，之后家里还是充斥着大大小小因为各种原因引发的"战争"，发生时慌乱无比，过去后一切都重归于平静。

半个月前是我的生日，我对夏芸说："我发现争吵是我们家生活中的一种模式，可能我现在在抱怨，但如果我们家突然安静下来变得其乐融融了，我反而会不习惯。"

"那你是不是还觉得写作也成了你生活中的一种模式，如果不写会不习惯？"夏芸使劲点了点头。

"你真是太懂我了。"

"那是，我跟你还分你我吗？"夏芸冲我嘻嘻地笑。

和夏芸成为朋友是因为我们都觉得匍匐在木质的桌面在纸上流连是件幸福的事情。我觉得在心底深处，她比苏晴安更懂我。很多事情和话，我一笔带过她便能听出重点在哪里。

如果要出去玩，我会找苏晴安，但如果在特别欣喜或者难过的时候，我会毫不犹豫地选择夏芸。但是她们两个就像我的左肋和右肋，缺了谁都不行。

收到第一本样刊是在一个星期之前。

杂志彩色的封面漂亮得让我觉得是在梦里。可惜妈妈却一脸不屑地说："你的文章还能上杂志？"

真正快乐的时候是不会被某一句话影响心情的，我依旧欢快得像只灵巧的小兔子，只是心里微微有些失落，我原以为至少妈妈会拿过去看几眼的。

但失落感可以从别的地方弥补，比如说，我刚把拍的样刊发给苏晴安和夏芸，她们两个就像锅里煮沸的水一样闹腾了起来。

"阿岚，你是大作家啦。"苏晴安像个没见过世面的人，"我要学会用另一种眼光看你，阿岚不是阿岚了。"

"傻不傻啊你，现在你应该说的话是，'为了庆祝你发表文章，我决定请你们吃一顿好的。'"夏芸说。

"那你怎么不说这句话？"苏晴安很心疼自己的钱包。

"没关系，"我大方地说，"那你们两个一人出一半吧。"

紧接着我就收到了苏晴安和夏芸大呼小叫的语音，我们三个人都快乐得忘记了天南海北。

"哗啦"一声，吹上我面颊的风带来了湿意，我看见树叶被几滴豆大的雨滴打落了下来，飘摇在风里。

这同样是这个夏天里的第一场雷阵雨，到来得很突然，也"哗啦"一下子，打落了我心里几片忧伤的花瓣和思绪。

我打开窗户，把身体努力地探出窗外，因为我明白，打落的花瓣越多，当天晴的时候，大太阳便会让忧伤消失得越快。

狂风撞击着我的长发，清凉的感觉倾泻而来，我歌月徘徊，我舞影零乱。

莫名地，我感觉到有什么快要结束了，又有什么如凤凰涅槃般即将开始。我情不自禁地张开双臂，贪婪着窗外微凉的雨。

风从暖至凉至疯狂又到现在的雨，在不久后的某个时刻，它会变晴。

我的心在一刹那明亮了起来，好像我正舞动在风雨里，充斥在人生第一棒的接力赛中，我大哭或者大笑，我的青春和这场突如其来的夏雨一样，充满了未知和干净的味道，让我越发不能自已，也让我越发地明白要做快乐、真正的自己。

长路漫漫，悠悠夏风知我意。

凌乱的校服

活宝 97

听说新高中的校服是纯白色，而且每天必须穿校服才能进出校园。在我们高一新校服还没发之前，有一天我去逛学校贴吧，嗯……好多吐槽贴，很多学长学姐都在贴中称此校服为"孝服"……这校服太不吉利了吧。

应该是"孝服"二字刺激了校长，然后他在晨会上说让我们高一新生重新选校服，一共十套新校服，五套运动款，五套韩风款，我们自由投票，最终以一款深青色韩风款西装胜出。其实我喜欢米色无袖套头羊毛衫那套，可班上一女生反驳我说："你打算冬天时每天进校园都对着门卫拉开羽绒服露出羊毛衫然后告诉他你穿了校服吗？这套校服冬天只要露个领子就行了，你傻啊。"好吧，她赢了，就算我能忍受，门卫恐怕也受不了冬天时每天早上学生见到他就解衣服吧……

经过漫长的等待，校服终于发下来了，不过我们手中的校服跟当初模特身上穿的校服有很大差别啊，变得丑了。

中午回家我就换上了新校服，白衬衫、领带、上衣、裤子。到了学校，我问一哥们儿穿着怎么样，他思索良久，很严肃地给了我四个字：衣冠禽兽……

第二天上学，班上一男生向我诉苦，说他妈说他穿上全套校服像保安，脱掉外套像酒店里送菜的。这妈妈真是个奇葩，这都是什么比喻啊。不过，还真的挺像的……

过了一段时间，学校要搞活动，全体同学身着全套校服，星期六上午在学校排练。我让一哥们儿在我家楼底下等我一起走，我下楼后，就看见他拿着一张宣传单站在风中凌乱。我走过去问他怎么了，他把手中的宣传单递给我，上面写着一个单位的招聘信息，他欲哭无泪地说，一个发传单的阿姨一看到他就跑过来，递给了他一张宣传单，说："小伙子，看你这穿着，是去找工作的吧，瞧瞧这纸上的工作，说不定有适合你的呢。"

唉，这新校服，我也凌乱了……

世界上唯一的蜗牛

star

"你听说没，蜗牛走了。高考前些天从九楼跳下来瞬间就没了，真是可惜……"我被这道突如其来的晴空霹雳炸得错愕不已，瘫在床上盯着天花板，脑海里电影倒带似的回放着和蜗牛一起的画面。

蜗牛无论从外表还是成绩上来说都属于对得起人民群众那一类。叫他蜗牛，因为他总是一副与世无争的模样，做事情永远不急不火。

第一次见到蜗牛是在新生干部大会上，我盯着那个坐在我左前方的男生完美的侧脸发出"啧啧"的赞叹声，惊艳。

缘分是种很神奇的东西，最神奇的是第一天上课就迟到的我发现蜗牛居然坐在我左前方。

我凭着豪爽的性格和蜗牛称兄道弟之后发现他人真的好得没话说。

他在我把惨不忍睹的数学卷扔进垃圾桶后会把它翻出来，打开来认认真真地给我讲那些错题，偶尔也会趁我盯着他修长的手指发花痴时轻敲我额头。

蜗牛抽屉里的各种糖果是对付我的最佳武器，蜗牛说认真完成一道题就赏一颗糖，让我在他面前没有丝毫抵抗力。

期末考前我留在教室抱佛脚，饿着肚子盯着课本发呆时，蜗牛高大的、提着盒饭突然出现的形象特别光辉。

蜗牛对身边每个人都很友善，也很仗义。蜗牛在小胖被人侮辱时第一个站出来替天行道，蜗牛把集到的矿泉水瓶定时拿给拾荒的老奶奶，蜗牛偶尔会买些食物喂路边的流浪狗，蜗牛会温柔地对喜欢他的女孩儿说谢谢和对不起……

很久之后我终于明白并不是所有的好人都会拥有幸福，就像不是所有的童话都会有圆满的结局。

父母离异，财产之争，让蜗牛变得沉默。他说他要回家乡去参加高考，要我努力争取和他考同一所大学然后再做"兄弟"。我说好，我答应你。

现在我做到了，我竭尽全力拼了一个自己也意想不到的成绩，再过不久就要踏上新的征程。可是蜗牛，你在哪里？

我多希望这是一个梦境。一觉醒来就可以看见蜗牛帅气地对我说："咱们上大学去！"可是望着再也不会亮起的QQ头像，我难过得号啕大哭。

蜗牛蜗牛，下辈子我会找到你，我们还做"兄弟"。

蜗牛，在没有纷扰的天堂，请你一定要幸福。

少年，生命太珍贵，我们谁也轻易丢不起，且行且珍惜。

亲爱的 305

小太爷

305，顾名思义就是三楼的第五个寝室。全部成员都来自高一5班那个团结、积极、奋发向上的团体。

女寝305

对于女寝305来说，每个人都有每个人所苦恼的问题。一床的妹子一值日就犯"处女座情结"，二床的妹子把小花视作生命，三床的寝室长每天都很忙叨，四床的"爷们儿"不喜欢起床……总之是八个别扭的人凑成了一个别扭的寝室。

话说军训过后，教官——那个青涩的小男生，不知出于什么意图，拨通了305的电话。彼时的二床刚问候过自己的母亲，接起电话还以为是家长的回执，于是开口就叫："妈！嗯？你是王韩？王韩谁啊？"她低头喃喃自语，然后抬头问众人，"你们知道王韩是谁啊？"众人一顿冥想，"教官！那是教官啊，教官！"

黑暗之中，已经疯癫了的二床用气声呼喊着，然后用《猪八戒背媳妇》的曲调唱："你哭着对我说，童话里的事，都是骗人的……"然后电话那端就只剩下"哦，打错了"，然后以"迅雷不及掩耳盗铃之势"挂断了电话。

男寝305

男寝305是精英云集的地方。班长、数学课代表、化学课代表、英语老师小秘书都在305，可谓跨越文理，超越自己。而作为班级最活跃一帮人的集合，男寝305七天被下了十二张卫生条的记录也是不可逾越的高峰。

犹记得那是一个月黑风高的晚上，熄了灯的男寝305正在讲笑话，某人正光膀子吃苹果。笑话讲毕，大家都笑得不行了，忽而听得一声巨响，那门竟被踹开了。

"都给我闭嘴！"管楼大爷手执扫帚，面对一干众人，咆哮了。

雨季一过，就又到了动物们决斗的季节。男寝305在某床的带领下，集体穿着睡衣横扫了整个三楼男寝。

"服不服？"他们推门而入。

"服不服？"他们挨家挨户地问。

要知道晚上的时间可是很宝贵，每人都忙着清理自己，哪有空跟着他们论这些。于是高呼万岁，天下太平。

"大爷，三楼是我们统一的对不？"

"滚去叠被！"

班级的漂流博客上写着这么一段话：305就是5班的精神符号，男女都是。他们乐观，他们活泼，他们不分裂，他们爱热闹。他们是以寝室为单位的小团体，也都是大团体中的一员。他们会犯错，更会改错。都说"90后"的孩子自私不成熟，可其实305，挺好。

305，真的挺好。

筝　韵

朱思雨

　　它，是我生命中最宝贵的东西，有十一载的时光有它陪伴。它给过我泪水、失意和痛苦，也让我收获了欢乐、成功和淡然。我恨过它怨过它，却还是爱上了它。它便是我的筝。

　　五岁的我便开始了学筝之旅。刚学没几天，油然而生的兴趣便被手上大大小小的一排血泡和红印所消灭。小小的我很担心，等我成了大师，我的手岂不是废了？

　　"妈，我能少弹一会儿吗？"

　　"不行，弹不到两个小时不能休息！"

　　"不弹了！不学了！我都快累死了。"

　　"既然学了就要坚持，不过九级不许停！"

　　天啊！九级，都怪你这该死的古筝，我恨你！

　　经过努力，我从一开始不戴指甲片变成戴一个、三个和四个。终于有一天，老师说我可以戴八个了。当时好兴奋啊：快快学成吧，熬过九级就解放了！

　　经过老师的推荐，我成了古筝演奏家曲云老师的学生。名家就是名家，站在门外都能听出我哪个音没弹准，上来就是一尺子。我的手啊，好疼。不过也不由我不服，曲老师是不轻易动筝的，听过她弹琴的人都不由得目瞪口呆。她的技法纯熟、流畅，的确是应了那句"曲入云霄，名副其实"。而更吸引我的是她弹琴时的专注，不知怎么，有一段时间总是不由自主地想弹琴，我不再敌视它，而是渐渐地接受了它。

"已经两个多小时了，可以休息了。"咦，老妈怎么主动催我了？我居然一刻不停地弹了两个小时，奇迹！

"弹得真好听！"这是老妈第一次夸我弹得好，可是今天有什么不同呢？外面什么时候下起了淅沥的小雨，我却为何不知？耳边突然响起了老师曾经说过的一句话："只有静心，才能学成。"

我更加努力，也更加用心。勾、挑、拖、摸、滑，我一遍一遍地练，终于，老师让我给全班的同学示范摇指，九级也顺利通过。更重要的是，我多了一个朋友。伤心时有它陪我伤心，快乐时与它一起分享。我用音乐走出我的喜怒哀乐，用音乐书写着我的春夏秋冬。

我——爱——它！

上了高中，已没有时间经常弹奏古筝了。但每当我伤心时，总会在心里默念那不曾随时间流逝而消失的曲谱，那一个个流动的音符也荡散了我灵魂中的那一缕缕尘埃；每当我想要放弃时，也总会回忆起老师那专注的眼神，学会了看开、放下及宽容。

学筝，也学了做人。

现在，我的小表妹也加入了学筝一族，看见她手上那大大小小的泡，我既欣慰又于心不忍。我对她重复了老师的那句话："只有静心，才能学成。接受它、爱上它，让它成为你的朋友。"

曲老师曾说，筝可以改变人的性格。是她和筝改变了我。我无悔于我的选择，我爱我的筝。

一人，一筝，一世界……

想你时你在眼前

　　没有你的消息了，也不想主动去打探。暗恋这件事，第一次显示出它的脆弱，随着时间的推移而慢慢变淡。不知道从什么时候开始，你像纸面上的字一样，被水渍一浸，慢慢地就从我的生活中淡去了。看着身边玩暧昧的同学偶尔会想到你。我想我应该是喜欢过你的吧，因为想到你，我的眼睛里会出现一些奇妙的东西，湿湿润润。

我们都是违约的小狗狗

向阳花

我习惯，站在你的左边，牵着你的手，走在喧闹的街

我满怀期待地踏上高中旅程，想要寻找一个可以一起奋斗的知己。缘分真是个奇妙的东西，它让我遇见了你——那个喜欢穿绿色衣服、有着自然卷头发、挂着灿烂笑容的你。

"我希望我们可以成为好朋友。"

"嗯，我相信，一定会的。"我们坚定地看了看对方，然后微笑。

之后的之后，我们形影不离。一起买本子，写着青春的语录；一起不厌其烦一圈又一圈地逛操场；一起背靠背四十五度仰望天空，聊着近在咫尺却又遥不可及的梦想；一起背着一样的书包，戴着一样的饰品；一起分享触动心弦的句子；一起手挽手穿梭在校园里最热闹的两个场地——卫生间和小卖部；一起在课堂上自恋地捧着镜子照来照去，一副可以照到地老天荒的傻样；一起分享喜悦与忧伤……

友情没有对错，只是我们过了保鲜期

不知从哪天开始，我们之间没了共同话题。某天起，我们像约定好的一样刻意保持着距离，谁也不会多跨出一步。每天放学还是一起回家，可一路上死一般的沉闷把人压得喘不过气来，以前总抱怨太短的路程突然变得好漫长，我们默契地加快步伐只为快点儿逃离……我们都太固执，抑或是小小的自尊心在作怪，谁也不愿先开口。

气压太高会导致气球爆炸。最后的最后，终于受不了了。你把我送你的东西还我，把我们的合照截成两段，各自拿回属于自己的那一半，你把我的QQ删了，把我从你的世界里删了，一干二净。我也想尽办法躲避你，找借口不和你一起回家，换到离你最远的地方去坐。到最后我们也不曾吵过一句，我们都太过冷静，冷冷的态度将友谊冰封，最后支离破碎。

其实，直至最后我们也不知道为什么会走到这一步，也许，只是我们的友情过了保鲜期。

最熟悉的陌生人

整理杂物时发现那本披着薄薄灰尘的本子，里面都是我们稚嫩的文字。那时的我们明明没有那么悲观却喜欢写忧伤的句子，那些文字总能触动我们的某根心弦，产生奇妙的共鸣。你曾写过的一个句子："我们会成为路人甲乙吗？"没想到，真的有这一天，我们成了彼此最熟悉的陌生人。

同一所学校，同一个回家的方向，就算再怎么刻意躲避也还是避免不了相遇，你牵着你的新同学，我挽着我的新朋友，擦肩而过。心里一丝失望，一阵感伤。如果我们当初任何一方可以放低所谓的自尊主动一小步，哪怕先说一句话，也许我们就不是这个结局。最熟悉的陌生人，不知你见了我是怀着怎样的心情呢？

那时，我们很天真

我们总是喜欢轻易许下誓言，因为我们不知道永远有多远，一辈子又有多漫长。我们不知道誓言给人带来希望的同时也会带来失望。还记得，三年前，我们一起拉钩钩说要做一辈子的好朋友。

嘿，我们都是违约的小狗狗了。

送给大卷的成人礼

小 卷

1

你是我青春地里的一抹重绿，曾经毫无声息地闯进我的世界，如今我再也抹之不去。如果能预料到今天的我们是这个样子，我会很认真很认真地考虑一下再认识你。

八年级的晚自修，我经常从四楼跑到三楼，目的只有一个，跟你借手机上网。缘分真是个奇怪的东西。我们都拥有天生卷卷的头发，朋友们都开玩笑说，你是"大卷"，我自然而然就是"小卷"。这两个外号陪伴我们至今。

2

那时，你单纯地苦追着同班的一个女生。你总是费尽各种心思尽力地在她面前展露着自己的优点。你对她身边的每一个朋友都很好，当然也包括我，而我的心里颇不平衡。

你很快意识到我冷落了你，一个劲儿地补偿我。你去补习完，很有心思地买来一盒寿司，却迎来我的一句"我要把它扔掉"。我的胃悄然地告诉我，那盒寿司轻易俘虏了它。但我还在假装不理睬你的好，把你心爱的她锁在教室里，等着你来救赎。

我在一个万恶的深夜，隔着网络，将一个谎言又抛向了你。我说，我肚子饿。你二话不说，立刻跑去大街，打包了一份肠粉，翻过学校高高的围墙，再小心翼翼地放在我们宿舍门口。那份肠粉是我吃过的最幸福的一份，一股暖流包裹着我身体里的每一个基因。

我曾经很幼稚地问过你，我在你心中是什么位置，你毫不犹疑地亮出答案：像亲人一样的兄弟。那时，我真的很想说：大卷，不带你这样的，怎么这么感动人？

3

我借着各种各样不合理的借口，把你玩转得晕头转向。我在你面前炫耀我和我的朋友关系是多么好，却百般阻挠你们相识。或许这就是我想要的效果。我一直以为我们的友谊会像小说写的一样朝着好的结局发展。可是，数学很好的我，算错了友谊这道计算题。我的无理取闹终于换来了我们的绝交。有些东西失去了才知道珍惜，有些人不属于你了，才知道他的好……

4

我开始反思我的言行，我的霸道，我的幼稚……于是在你上学的路上，还是我先开口了。

"你有没有恨过我？"

"没有！"

两句对白就拯救了我们碎了一地的友谊，我也知道这其中有你如大海一样的心胸。

　　我借着你生日的契机弥补你。买了一大沓便利贴，五颜六色晃晕了我的眼，找你认识的人，写一句生日快乐，给你做生日集福。我还教别人数学，以此交换别人帮我用笔袋折三角形。装了满满一箱子。

　　你也被我感动了，买很多好吃的给我过生日。那一刻我的心里很充实。玩着真心话大冒险的游戏，你写着你喜欢她的理由。能喜欢一个人这么久真不简单。

　　这种互相给予的行为让我很快乐，我知道我嘴角的笑容越来越大。

5

　　先前看到季义锋发表的关于他的兄弟的一篇文章，我也码字记录下关于你的回忆。在决定写这篇文字的那一刻，大量的信息跳进我的脑子里：一起去海边，为你请假连续写的十页回忆，一起去唱歌，一起去过生日……

　　曾经看到一句话："爱情不是一个人的事，是两个人的事。"我想说，友情也不是一个人的事，是我们两个人的事。曾经，我们的友谊由我掌控着，以后，我们一起经营吧！

　　2013年4月20日是你的生日，我期待这些我辛苦码的字变成铅字出现在你的眼里时，你能纯纯地再笑一次。

　　大卷，十八岁生日快乐！

想你时你在眼前

小 满

注意到你是因为你胳膊上的那道疤。不大，薄薄地胀着，红通通，像一小片心。

那是秋期的开学表彰大会。天空懒懒地流着眼泪。透明的光刚穿过云层，领导就让我们收伞站好，才发现戴着大红花站在主席台前的你们衣服全湿了。领导说了一通让我们向年级前十学习、已经高三了要拼搏之类的话后，开始给你们发奖学金。我低下了头，直到你在我面前一个踉跄，荣誉证书掉在水洼里才回过神儿。激灵地打了个战，正看到了那片心，它位于你左臂上方，而你正焦急地去捡湿了的证书。那么急那么急，只让我看到了背影——身量适中，下身比上身胖，板寸头，黑色长裤，以及挽起袖子的衬衣。

后来我才发现，无论春秋，那件可以随着温度放下或挽起袖子的衬衣，一直都在陪着你。

你是隔壁培优班的班长。学习好，热情，也很有能力。你的家在渠县，那是个山清水秀的穷地方。我曾经很不耐烦地被妈妈拉去那儿爬了一天的山，领略了什么叫"山重水复疑无路"，又在夜幕将至、万分腿软的时候才迟钝地爱上了它，爱上了所有没有尽头的到达。山清水秀好像总能让人联想到纯净的眼神和坚毅的眉目、天真的笑脸和平和的胸襟。我也就理所当然地认为，你是无忧无虑的。

直到听说你在帮别人写作业挣钱并且一直利用周末卖一些文具时，才知道你有些窘迫的家庭状况。

那个周六学校放假，我因为作业多，索性就没有回家，坐在最后一排写字，直到被你小心翼翼的敲门声打断。你抱歉地说不好意思，问班里怎么就我一个人在。我顿时词穷，说不知道。然后你穿过几条过道，走到我面前，问我需要笔芯吗，很便宜，一块钱两根。我连连说要，手忙脚乱地从口袋里拿钱，只有一张五十元的，我塞到你面前，说要五十根。你好像有点儿尴尬，问我有没有零钱，五十根是二十五块钱。我说不用找，都给你了。话一出口，看到你顿时阴沉的表情我就后悔了，恨不得给自己几个耳光。你低下头，仔细地数着，把五十根笔芯包好放在桌上，又仔细地从口袋里数着零钱找给我。我说不是那个意思你别误会，你笑了笑，那么勉强，简直让我羞愧。

后来，我无数次地为我的冒失感到后悔，却又在心里骂你的小心眼儿。自那以后，我好像经常能碰见你。在走廊，在老师办公室，在食堂，在操场……每次擦肩而过，你都没有认出我，或者，你根本就不记得我了。

155

时间就这么懒洋洋地走到了春天，我默默地看着你好看的手臂，臃肿的棉衣，奔跑的背影，却还是不敢主动上前说一句"喂，那个什么，我们认识一下吧"。你就像是一只小螨虫，痒痒地挠着我的心。

还记得春季运动会召开的那个上午，我背着书包替好友给小安送水。学校的运动会是不让非运动员进入操场观看的，所以我在栏杆外面像探监一样，眼巴巴地找着小安。看到小安的同时也看到了你。你实在太醒目，别人都在做热身运动，只有你像一棵树一样，清清爽爽地站在那里。不知道为什么，你总能让我想到某种植物，或者蔬菜。我就扒着栏杆不自觉地笑，笑得嘴巴又干又渴，于是就把要带给小安的水给喝了。小安跑完步一出来就一边叫嚷着一边让我赔他的水。我们嬉笑起来，等你出来时我就装着漫不经心的样子看厚脸皮的小安向你讨水喝，你把水扔给他，他毫不客气地接过。我对小安说："你还真好意思。"

你就对着我灿烂地笑了，阳光洒在你脖颈和额头的汗珠上，泛着光。

这是你第一次对我笑，也是最后一次吧。这么些日子，还是找不到机会认识你。到了夏天的时候，我意外病休了，然后又去了南京和北京的医院，再然后，就彻底离开了那个学校。

没有你的消息了，也不想主动去打探。暗恋这件事，第一次显示出它的脆弱，随着时间的推移而慢慢变淡。不知道从什么时候开始，你像纸面上的字一样，被水渍一浸，慢慢地就从我的生活中淡去了。看着身边玩暧昧的同学偶尔会想到你。我想我应该是喜欢过你的吧，因为想到你，我的眼睛里会出现一些奇妙的东西，湿湿润润。

第 N 任同桌

小太爷

第N任同桌姓孟，是个框架眼镜忠实的追随者。之所以用"第N任"，是因为我真的不记得他是我的第几任同桌，无论是从小学算起还是从我乏善可陈的中学算起，我都不记得。

而他则不同。

我热心地给孟同学让座，孟同学坐到里面后的第一件事就是掏出随身携带的小本本把我的名字写了上去。

"死亡笔记吗，亲？"我探过头去。

他"啪"地一合本子，昂头骄傲道："跟朕同桌过的爱卿，朕都要登记在册。"

听人说男女同桌之间的关系统共可以分为几个类型，有相亲相爱型——从普通同学处成了令人艳羡的小对象；有沉默是金型——你不理我，我不理你，你我二人专心学习，为建设和谐的社会环境而努力奋斗；有反目成仇型——横挑鼻子竖挑眼的女同桌碰上生活习惯不好、学习习惯极差的男同桌，以他们为圆心以一米为半径的地方简直就是巴尔干半岛，班级的火药桶。

奇怪的是我和孟同学哪种都不是。我们既相敬如宾又大打出手，既严肃紧张又团结活泼。两个人格如此分裂的人凑到一起，天知道准没好事。

孟同学的戏瘾很大，全天候抽风。我又天生爱凑热闹，有时前后左右的同学就可以不花钱享受到比3D还3D的五维电影。

"紫薇！"孟同学下课时突然喊了这么一句。我立马应和道："容嬷嬷！"

"紫薇，事到如今我也不得不告诉你一个令人震惊的事实真相了！"孟同学一手扶额，一手撑桌道。

"啥？"身为东北人的我把地方特色揉进了戏里。

"我就是你失散多年的皇阿玛啊，孩子！"在班的同学都无比淡定地喷着水和口水。

我二人相视一笑。

我俩的共同语言还存在于对小游戏的热爱中。

"你玩啥游戏都？"他颠三倒四地问我，在一个大家都昏昏欲睡的午后。

"大鱼吃小鱼，零用钱大作战。"我眯着眼睛答。

"我也玩那个！"接下来我们就很愉快地讨论起那两款技术含量几乎为零的游戏的冲关攻略。

某次数学测试中，老师很狡诈地选择坐到了后排。这样我们的小动作就不会因为路况而被阻碍，她可以尽收眼底。

我瞥了一眼最后一道大题，那阵子做动点还没有现在这样熟练，几乎就是两眼一抹黑。我本着放弃大题的原则开始闷头研究前面的题。

忽然，孟同学的纸条翻过我们中间隔着的本夹，带着主人的希冀策马而来。

"老佟，最后一道的动点你会吗？"我费了半天劲才看懂他的字，不禁赞叹：果然有中情局的感觉。

我不假思索地写上两个大字："不会。"

不一会儿他的纸条又飞了过来。

"不会至于写那么大吗……我还想问别人呢，地方都被你给挡住了。"

后来发考试成绩，这位啰唆婆婆无比哀怨地对我说："你还人家的三分……"

孟君讨厌政治课。政治课上，老师让我们讨论学生是穿得朴素点儿好还是穿得豪华点儿好——直到现在我仍认为孟同学的回答乃标准答案。

他被老师叫起，很有范儿地说道："咱们现在，都穿校服啊老师……"

再后来我们讨论到民族文化差异的问题，他破天荒地举手发言。

"虽然，咳咳，我们中华民族是最优秀的种族，但我们也，咳咳，要帮助其他民族脱贫致富。"

政治老师恨不得把所有的粉笔都撒在他脸上并厉声质问："你是来搅局的吗？"

孟同学有才，作文写得很好。可由于他的字实在太乱，思想也经常是信马由缰，所以我觉得他的这个优点可能除了我没人能发掘出来。

有才的孟同学在一个课间回来后愁眉苦脸地对我说："老佟，我要转学了。"

"转哪儿去？"我收回四十五度仰望天空的忧郁目光，揉回了因对着阳光太久而流出的文艺的泪水。

他报出一个我印象中教学质量和师资水平都远远不如我们现在所在学校的名字。

"你确定？"我问道。

"确定。因为那个学校的配额多，我妈也在那儿当主任，方便。"

我着实为他感到悲伤，这种悲伤在第二天这小子背着欠揍的书包走进教室时就烟消云散了。

"大哥，你有没有个准信儿了？"

"难不成你希望我走？"

我赶紧摇头，"不希望！不希望！"

在那之后的很长一段时间里，我们都热衷于分享彼此的童年。

例如他说他姥爷是教语文的，从小就训练他诗词歌赋。他姥爷说"闲来无事我走街中"，他必须以很快的速度对出"碰见个老头儿卖大葱"。

例如我说我小的时候喜欢玩泡泡，有一次泡泡水把手指泡皱了。我以为我要挂了，连财产分配都想好了，并且还特悲剧地想到了个特悲剧的问题：我可还没嫁人呢呀！

这段时间真的很长，让我误以为他要离开仅仅是逗我玩的一句胡话。

可他真的走了。

空荡荡的座位，仿佛从来都没有人坐过。

我想起昨天晚上坐车时看到他迅速后退的身形，形单影只，有说不出的落寞。

后来我也常常遇见孟同学。他等车的地方离我等车的地方不远，也就是两步道的事。

"美女——"他急急地呼喊。

我触电一样地回头，并非因为这个名词，而是因为这声音。

"那儿的老师对我可好了，下课排着队地让我去他们办公室视察工作。"我问及他新学校的生活时，他大大咧咧地说道。

"有时间我去看你们！"孟同学说着，身影渐渐消隐在一片喧嚣里。

我一直期待着他的"有时间"，但他从来都没时间。

直到现在我都不知道我是他的第几任同桌，兴许他会记得。

他会记得有个同学曾经和他称兄道弟，肝胆相照；他会记得我们互抄作业，彼此关怀；记得我们血拼开水，互换食物。

他会记得我们那年还挺小，那年的同桌生涯既坑又幸福。

望你一直安好

询小安

2010年8月2日，新生报到，踏进C中，踏进新的班级，面对新的陌生人。第三组第一排桌子，你和我中间隔了一个同学，没有打招呼，没有自我介绍，没有说一句话。新班主任交代完事情后，各自离开，继续放假。

2010年8月24日—28日，军训。没有小说中出现的那些情节，甚至最后拍照留念也没有。只是记得当时有一个女生在练齐步走的时候总是同手同脚，最后教官让她自己在一旁练习了好久。后来你问我"还记得这件事吗"的时候，我才知道，那个女生是你。

2010年9月1日，开学。很巧，我们成了同桌，询问后才知道你有一个当时我们都觉得很洋气的名字，Anna。我延续了我一直以来的性格，依旧安静，依旧独来独往，依旧不爱说话，只是一个人做自己的事。我知道，周围的同学都很友善，都是善良的好孩子，只是，融入一个新环境对我来说不仅需要大量的时间，还需要莫大的勇气。所以，我总是很安静地看着你跟周围同学胡侃。原来，Anna是一个开朗的孩子呢。

经过近半学期的磨合，我开始偶尔和你有一搭没一搭地聊天了。我知道了Anna你也是个没有安全感的孩子，是个渴望一家人在一起的孩子（因为父母、哥哥和姐姐在你很小的时候就去外地做生意，一年团聚的日子不多，你跟爷爷奶奶生活）。每次你说这些的时候我都觉得自己很幸福，因为从小到现在一家人都在一起生活，只是在遇到你之前我都没有觉得这是件幸福的事。

2010年12月29日，不寻常，一大早去上学就看见你一直盯着一首歌的歌词看，一言不发。我记得，那是《常回家看看》的歌词，当时我就知道一定出什么事了，只是你总说"没事"，可是你眼角的泪花出卖了你。上音乐课的时候你告诉我了，你的外公昨晚去了一个叫天堂的地方。原谅我是一个一直以来都不善言辞的孩子，我多想安慰你，可惜那些字一到喉咙就卡住出不来了。所以，我选择了安静地听你诉说。从这以后，我们开始熟络起来了。我可以跟你和询询一起很自然地谈东谈西，一起玩，一起逛街了呢。

只是，美好的东西总是消失得比较快吧，我们要选择文理科了。

2011年1月25日。因为我的一句"我选……选文"，你把QQ的说说改成了"哈……PP选文，意外啊，哈……"。你知道吗，看到这句话的时候我感动得一塌糊涂了，从小到大，第一次发现有人在乎我的选择。那天我把你写进我的博文里了，只是你不知道，谢谢你。

2011年2月25日。你，询询，我，中午我们仨去吃"散伙饭"了，因为明天就要分班 。那天下午班里的同学拍照的拍照，唱歌的唱歌，原来大家都是乐天派呢。只是我和你都安静了，我们那么难过，那么安静。

2011年2月26日，正式分班，你在9班，询询在2班，我在3班。回家，开机，登录微博，字还没打出来，泪就那样流下来了。真正相处的时间并不长，却在分开的时候难过得不像话，因为那些日子你们给了我很多东西，教会了我很多东西，和你们在一起的日子很美好，很快乐。

2011年3月5日，分班后第一次重聚，我们一起吃饭，一起去操场的草地上吃糖葫芦，一起做"稻草人"，属于我们的时光，简单而幸福。知道吗？和你、和询询在一起总能让我觉得很安心，很温暖，就算只是三个人一起安静地坐着。

2011年4月4日，我被放鸽子了。约我一起吃午饭的同学都回家吃去了。在我无比失望的时候，一抬头就看到了你。那天我们去吃了黑椒炒饭。凭着你住宿近一年的经验，你帮我排队，帮我拿餐具。那一刻我觉得能认识你，真的很幸福呢。

2011年4月15日，晚上我看分班前在班里照的照片，看着看着，忽然就哭了。我想你了，想念我们在一起学习、生活的日子。

2011年5月8日，上网。你在QQ上跟我说我们要一起努力，考进年级的前一百名，忽然就觉得，有一个可以一起努力的人真好。只可惜我还不够努力，到现在还游离在一百名之外，原谅我。

2011年5月23日，我十七岁的生日，从未被记住的生日。可是那天早晨却收到了你的"蛋"，还热乎乎的呢。然后我就觉得自己是个幸运的孩子，因为，有你。

2011年12月24日，平安夜，收到了你的苹果，我很开心呢。

2012年1月22日，除夕夜，上网。收到的第一份祝福是你的。

2012年2月25日，新浪微博。看到你和以前我们在同一班的"旧邻居"说别忘了提到我的时候，忽然就觉得自己很幸福，因为有人记得自己。

2012年2月26日，写下这些文字，Anna，有时候我总在想我自己何德何能，能够得到你给予我的快乐与幸福，我是有多幸运才认识了你。

Anna，这是送给你的十八岁的生日礼物，希望你就这样，一直安好。

我知你在，从未离开

栗子小姐

164

　　我一直都相信友情是这个世界上最不讲理的东西了。这句话在我和M身上得到了充分的证明。

　　老妈说了，两个人的关系不能太好。因为如果俩人关系太好了，反而就不能容忍一点点的不好。这句话就噼里啪啦地在我俩身上显灵了。

　　究竟是怎么一回事呢？

　　明明我们是很有逻辑顺序地从你羞涩我矜持，到你抽风我扮嫩，再到勾肩搭背扳脖子搂腰，再再到毒舌的继续哀怨的照旧。而不是恶俗小说里，在拐角处撞到，书散了一地，两人一同捡书抬眸时一眼万年、天雷勾地火，从此你侬我侬。那为什么我们会出现莫名其妙类似于婚姻中的"七年之痒"呢？彗星也没有撞地球，外星人也没有侵入，太阳更没有围着地球转，为什么会有种叫作孤独的东西冒了出来，还一直蔓延、蔓延，铺满心的每个角落呢？

　　我想我们都只是因为杂七杂八的事不快乐了而已。

　　我记得大晚上趴在被窝里给我缝衣服扣子被我直呼贤惠的你，记得夏天宿舍前的梧桐树下巧笑盼兮、意气风发的你，记得楼梯上抓住我的胳膊、身子摇摇晃晃往下倾、扯起嘴角说相信我的你，记得说要和我去跋山涉水看西藏蓝天、去周庄漂泊的你。可现在呢，我们都被时间磨掉了棱角，又开始褪去岩壁了吗？可能一切都被太过熟悉的关系腐蚀掉了吧。

时光把我们变成彼此不认识的模样，我们被扑面而来的孤独湮没了。我曾经当了溺水者的你的浮木，可我想你就要抵达岸边了。这样也好，你可以把我烧了，烤干你自己，然后，迈向浮世。亲爱的，不知道我能不能说出那句我祝福你。

我给你写了一封长长的信，满纸的酸涩，用了我一半的记忆来写的，我想我把它给你的时候心里是感到轻松的。毕竟我不愿隐瞒你什么。

你说："如果这是必然，我想我们能够坦然。"

你说："我们都是聪明的女孩儿，从一开始就明白就知道总有一天会厌会烦会累，花盛必败。如果你愿意，我和你一起期待下一次花开，可好？"

你说："你来这个世界一趟，总得看看太阳。"

你说了太多太多，我想我们会懂很多很多。

可亲爱的，如果这便是老妈口中的成长，那我们就和以往一样，任故事断层，年华疯长。至少我们都没离开。

你说过你会在盛夏光年的芙蓉树下微笑着等我的。

165

不 煽 情

夏 至

昨晚睡觉前看到一篇文章，是写友谊的，于是我便想起了你，不过在我看来，我们之间用友谊来形容是不是有点儿不合适呢，我的亲爱的？嘿嘿……你不要太感动，我不是真的想写给你的。你以为我会这么说吗？呵呵，这篇文章真的是写给你的哦，没事，咱不煽情。

十年前，我们相遇。那时我小学一年级，你二年级。我记得，我们是在琴房里认识的，教钢琴的小徐老师从来没有将我们两人分清过。曾经两个人，一架琴，然后四手联弹。我一直认为我们弹的《草原英雄小姐妹》就是比张卿雅、杨菲菲那组弹的曲子好听，虽然我不得不承认她们的那首比我们的这首要难一点儿……我们每年的暑假都为考级而忙碌着。记得钢琴老师家墙上的照片吗？你笑开了的表情下面，有你的布娃娃头上的几撮毛。你就是这样天真，连拍个照都要将娃娃带着，真的不知道该说你幼稚还是白痴。不过你要承认你白痴我就承认我花痴，哈哈……

小时候一到暑假弹完琴你便上我家，躲在房间里玩跳格子，扮家家，看《还珠格格》《情深深雨蒙蒙》……这些记忆，主角是你，配角是整个世界……

2005年我们过了钢琴十级，拿到证书时，我已经六年级，而你也上了初中。我们是第一届中考网上改卷，第一届物理数学江苏省统一试卷，第一届英语口语是人机对话……你说，你搭上的总是末班车，我笑着说，我们这一届是实验品。

我考上与你一样的初中、高中。初三的那个暑假，我们玩得好疯，晚上骑着自行车满大街地转悠着，优哉游哉。我们还玩个游戏，我闭眼骑车，你给我指路；你闭眼骑车，我给你指路。与你一起玩滑板，看着你玩滑板时候屁股一扭一扭的样子，就和滑板上的喜羊羊一样可爱。我经常说你幼稚白痴，其实你不知道，我更多的是羡慕你，可以活得那样悠闲快乐，有个对你很好很好的爸爸妈妈，有个被我妈妈喜欢得要死的可爱表弟，可以无忧无虑做自己喜欢做的事情，可以那样地疯玩却有着好成绩……我喜欢遇到什么事情都对你讲，在你面前哭都可以没有任何防备，哪怕是在大马路上……

这两年我们的生日都在一起过，老妈叫我不要经常去打扰你，说你学习紧张。我就郁闷了，我咋就没看出来呢？我喜欢对你讲吴克群，你喜欢对我讲霍建华，我喜欢对你讲麦麦，你喜欢对我讲你家包子；我喜欢对你讲盛超，你喜欢对我讲曲鑫，我喜欢对你讲我们班的明星脸，你喜欢对我讲那个养眼的某徐；我喜欢告诉你我们班主任的经典语录，你喜欢告诉我你们班的滑稽趣事……

记得高一下学期运动会你是垒球裁判，碰巧高一某班的体委也是裁判，你很花痴地问我认识他不。我说认识，是我邻班的体委，其他的就不知道了。我千方百计帮你想办法要他的照片，我在班里一个个问有谁认识某徐，一个个都说不认识，于是我那"花痴"的形象就在男生心目中树立了……唉！这下跳进饮水机里也洗不清了……终于知道他和"猪"（我对你说过，长得像"大嘴巴"张怀秋，被我称作"类王子"的那个）是初中同学，于是我便向猪要他照片。猪终于要到了。照片是某徐初三时候拍的，我不得不承认，初三时的某徐真的很嫩……作为答谢，我给猪和MMC（她就是每晚和我一起回家的那个，是照片的传送员）一人一个苹果作为答谢。可是你答应请我吃的雪糕却一直没有请我……我吃亏了，唉，认命了。

你明明比我大一岁，我却总有一种想保护你的冲动。其实，有个学姐真的很好，能告诉我可以做什么，不可以做什么，有什么拿不准的事情可以在一起商量一下，有困难互相帮助。你看，你在我身边，我可以捞到那么多好处呢，呵呵，你呢，也有同样感受吧？

有你这十一年，我很快乐，但是这短短的文章，描绘不出，我与你以后的十年、二十年、三十年，甚至更远。这篇文章，我没有煽情。我只想说，我亲爱的苗姐，无论以后你在哪里，都会有我陪伴你。